Das ultimative Probenbuch
Diktat und Aufsatz
Unterstufe

Dieses Buch gehört

.

_____

Vorwort

Liebe Schülerin, lieber Schüler,

dieses Buch hilft dir zum einen die bereits erlernten Rechtschreibregeln zu vertiefen und anhand zahlreicher Diktate zu prüfen. Zum anderen unterstützt es dich bei der Vorbereitung deiner Aufsätze in der Unterstufe im Fach Deutsch.

Gute Aufsätze zu schreiben ist kein Hexenwerk. Jede Aufsatzform hat typische Merkmale und folgt bestimmten Regeln, hältst du dich daran, kannst du nicht viel falsch machen. In diesem Buch möchten wir dir die notwendigen Merkmale und Regeln nahebringen. Anhand zahlreicher Musteraufsätze zu den verschiedenen Aufsatzformen sollst du dir einen guten Schreibstil angewöhnen.

Wir wünschen dir viel Erfolg bei der Arbeit mit diesem Buch und für deine gesamte Schulzeit.

Für Verbesserungsvorschläge sind wir immer offen!

Mandana Mandl   Miriam Reichel

1. Auflage Juli 2016
4. Auflage Februar 2020
© Miriam Reichel, Mandana Mandl
Alle Rechte vorbehalten
Lektorat: Sandra Frey – Edling;
Cover & Logogestaltung: Michael Reichel, www.m5art.de
Druck: omb2 Print GmbH, München

www.schulproben-bayern.de
www.MaMis-Verlag.de

Inhaltsverzeichnis

1. Deutsch Unterstufe

Der Lehrplan der Unterstufe umfasst im Wesentlichen folgende Themen:

- Subjekt, Prädikat, Objekt; Adverbiale der Zeit, des Ortes, der Art und Weise, Arten des einfachen Satzes; Unterscheiden von Haupt- und Nebensatz.

- Wortarten und ihre Funktion: Substantiv/Nomen, Artikel, Verben, Adjektive, Pronomen, Präpositionen, Konjunktionen, Adverbiale, Numerale; Tempus.

- Wortfamilie, Wortfeld.

- Rechtschreibung: Grundschwierigkeiten bei Dehnung, Schärfung, s-Lauten; Groß- und Kleinschreibung; Schreibung gleich und ähnlich klingender Wörter; Grundregeln der Silbentrennung.

- Zeichensetzung: Satzschlusszeichen; Komma bei Aufzählung, zwischen Haupt- und Nebensatz; Zeichensetzung bei wörtlicher Rede.

- Homonyme, Synonyme, Antonyme.

- Jahrgangsstufentests.

Eine Zusammenfassung der Grammatik der Jahrgangsstufen 5 und 6 sowie zahlreiche Übungsschulaufgaben, Jahrgangsstufentests und Stegreifaufgaben findest du in unserem ultimativen Probenbuch Deutsch 5./6. Klasse.

In Bayern werden im Gymnasium in der Jahrgangsstufe 6 in der 3. Woche sogenannte Jahrgangsstufentests geschrieben. Hierbei wird in erster Linie der Grammatikstoff der 5. Klasse und das Leseverständnis abgefragt. Viele Schulen schreiben auch gegen Ende des Schuljahres einen internen Jahrgangsstufentest. Die Durchschnittsnote aus dem allgemeinen und dem internen Jahrgangsstufentest ergibt die Gesamtnote für eine Schulaufgabe, wobei die Gewichtung meistens 2:1 ist.

In diesem Buch findest du zahlreiche Tipps und Übungen zur Rechtschreibung und zum Schreiben von guten Aufsätzen.

Hierzu wiederholen wir die Kommaregeln und geben dir zahlreiche Formulierungsstützen.

Du findest Musteraufsätze zu folgenden Aufsatzthemen:

Beschreibung, Bericht, Bildergeschichte, Brief persönlich und sachlich, Erzählung, Erlebniserzählung, Erzählkern ausgestalten, Fantasieerzählung, Märchen und die Buchvorstellung.

2. Rechtschreibübungen und Legasthenie

Bei der Legasthenie handelt es sich um eine isolierte Lernstörung, die bei 2 - 5% aller Kinder eines Jahrgangs auftritt. Sie sind trotz häuslicher Betreuung und guter Begabung nicht in der Lage, mit den normalen Unterrichtsmethoden eine ausreichende Rechtschreibleistung zu liefern.

Eltern müssen oft feststellen, dass viel Üben nicht den erwünschten Erfolg bringt. Trotz des Übens werden Worte verstümmelt, Buchstaben ausgelassen oder aber vertauscht.

Auch wenn der Lehrer oft unter die Aufgaben schreibt: „Du musst mehr üben!", ist es extrem wichtig, auch richtig zu üben und nicht zu viel. Die Rechtschreibfähigkeit eines Legasthenikers wird durch viel Üben nicht besser.

Das Kind kann sich in einer permanenten Überforderung befinden. Diese kann zu Angstausbrüchen oder Stress führen.

Solche Zustände können auch gesundheitliche Schäden mit sich bringen.

Die Fehler beruhen oft auf einer Verwechslung von Buchstaben und dem Nicht-trennen-können von Silben. Ähnlich aussehende Buchstaben werden oft vertauscht.

B und P wird gerne verwechselt oder auch U und O oder aber T und D.

- So wird aus Wal**d** oft Wal**t**.
- Sie schreiben un**t** anstatt un**d**.
- Oder Europa mit **b** anstatt **p**.
- Aus **Ort** kann auch **Tor** werden.

Eltern sind vielfach verunsichert, wenn Kinder teilweise Worte richtig und später wieder falsch schreiben. Da sie oft raten, welche Buchstaben zum Wort gehören, liegen sie auch manchmal richtig.

Einige Kinder entwickeln auch ihre eigenen Symbole, um dem Dilemma zu entrinnen. Oft werden dabei Buchstaben aus unerklärlichen Gründen zwischen zwei Worte gestellt. Dies kann ein eindeutiges Zeichen für eine bestehende Legasthenie sein.

Das Schriftbild eines Legasthenikers ist oft schwer zu entziffern. Gerne werden auch Buchstaben verschmiert. Dies liegt zum einen daran, dass der Legastheniker seine Unfähigkeit zu einer korrekten Rechtschreibung verschleiert. Andererseits steht er bei Diktaten unter Druck - und eine schöne Schrift verträgt sich meist nicht mit Stress. Häufig werden Wörter verbessert oder durchgestrichen.

Manche Legastheniker überspringen gerne Zeilen; oder drehen ihre Hefte oder Blätter um und beginnen in der entgegengesetzten Richtung von vorne. All dies ist in einer Aufmerksamkeitsspaltung begründet. Dem Legastheniker gelingt es nicht, schön zu schreiben und gleichzeitig ein Wort richtig zu verschriften.

Eltern und Lehrer sollten die Anzeichen der Legasthenie kennen und auch nicht unterschätzen.

Eine Diagnose ist notwendig, um dem Kind zu helfen.

Eine Legasthenie kann nicht durch stundenlanges Üben ausgeglichen werden.

Die Schule und die Lehrer können dem Legastheniker nur sehr bedingt helfen. Überfüllte Klassenzimmer, ein sehr umfangreicher Lernstoff und zu wenig Zeit machen es dem Lehrer fast unmöglich.

Klar strukturierte Lernmaterialien sind notwendig und können den Kindern zum nötigen Erfolg verhelfen.

Lehrer und Eltern können dem Legastheniker helfen, Regel-Fehler zu verbessern. Diese unterscheiden sich von Legasthenie-Fehlern und können oft durch pädagogische Fördermaßnahmen erlernt werden.

Durch die Pubertät kann sich die Legasthenie stabilisieren und die Fehler reduzieren sich. Trotzdem ist es besonders wichtig, die Kinder schon vor der Pubertät zu fördern und nicht abzuwarten, ob sich das Problem von selbst löst. Oft haben Legastheniker schon so viele Misserfolge erleiden müssen, dass eine normale Schullaufbahn für sie kaum mehr möglich ist.

Das Erlernen von Lesen und Schreiben ist nicht nur durch Intelligenz und Fleiß beeinflusst, sondern auch vom inneren Wahrnehmungsvermögen. Es handelt sich um einen komplizierten neurologischen Vorgang, der durch einfaches Üben nicht verbessert werden kann.

Zum Erlernen von Lesen und Schreiben müssen optische und akustische Signale verknüpft werden. Da dieser Vorgang beim Legastheniker gestört ist, muss er durch eine spezielle psychologische Betreuung eingeübt werden. Diese Reifungsstörungen können auch mit körperlichen Anzeichen einhergehen. Oft haben Legastheniker einen späteren Zahnwechsel als andere Kinder. Auch Wachstumsschübe können später eintreten als bei Nicht-Legasthenikern.

Dabei sind sie in ihrer intellektuellen Entwicklung sowie ihrer körperlichen Gewandtheit eher ihrem Alter voraus. Legastheniker sind oft interessierte und fleißige Kinder. Das nicht ordnungsgemäße Verschriften beruht nicht auf Faulheit.

Wichtig ist auch zu differenzieren, ob es sich um eine Leserechtschreibschwäche oder aber um eine Legasthenie handelt. Bei der Legasthenie liegt ein psychologisches und medizinisches Problem vor.

Eine Leserechtschreibschwäche kann auch durch mindere Begabung oder aber ein sozial schwächeres Umfeld entstehen. Eine solche Schwäche kann durch entsprechende Förderung und gezieltes Üben behoben werden.

Die Legasthenie hingegen kann über die Jahre weniger ausgeprägt werden. Legastheniker entwickeln oft Mittel und Wege, um der Rechtschreibung Herr zu werden; die Legasthenie selbst wird sie jedoch in der einen oder anderen Form ein Leben lang begleiten.

Sie kann sich auch in der Form einer Strukturierungsschwäche ausdrücken.

Vielen Legasthenikern fällt es schwer, Struktur in ihren Alltag zu bringen.

Einfache Abläufe können auch dem erwachsenen Legastheniker noch schwerfallen, wie zum Beispiel das simple Hinterfragen weniger Punkte bevor man das Haus verlässt: „Geldbeutel, Schlüssel und Telefon."

Oder als Schulkind: „Jacke, Schulranzen und Schlüssel."

Wie man den Legastheniker optimal fördert ist umstritten. Es gibt zahlreiche Methoden, doch keine ist als eindeutiges Heilmittel belegt.

Eine extrem wichtige Voraussetzung ist aber unstrittig: die Aus- und Weiterbildung von Lehrern und Eltern, um auf diese Weise negative Schul- und Lebensereignisse zu verhindern.

Sollten bei Ihrem Kind in Diktaten die Farbe Rot oder Korrekturen überwiegen, sollten Sie unbedingt versuchen, mit dem Lehrer zu sprechen. Vor allem in den ersten Grundschuljahren ist es durchaus möglich und notwendig, dass die Lehrer positiv bewerten. Sie sollten nicht die Fehler zählen, sondern Vermerke wie: „Du hast schon 20 richtige Wörter." oder „Du hast heute 5 Wörter mehr richtig geschrieben." Manche empfehlen auch, bei Problemkindern auf die Farbe Grün überzugehen und dabei positiv zu bewerten. Hierdurch werden die Kinder nicht mehr so sehr entmutigt, weil sie nur noch „Rot" sehen.

Achten Sie bitte darauf, dass Ihr Kind nicht andauernd zusätzliche Rechtschreibübungen machen muss. Ein einfaches „Nur-mehr-üben" bewirkt bei Kindern mit Legasthenie und/oder Dyskalkulie in der Regel nichts. Diktate sind nicht das Mittel der Wahl. Üben Sie täglich maximal 15 Minuten und halten Sie diese Routine aufrecht. Wichtig ist auch, dass Sie Ihr Kind immer erst leise lesen lassen und dann erst laut. Geben Sie ihm Zeit.

Die Förderung von Legasthenikern in der Freizeit wird z. B. durch Klavierspielen oder Reiten empfohlen. Ebenso kann Ergotherapie unterstützend wirken.

Für die Förderung der Orientierung ist der Kampfsport Taekwondo sehr zu befürworten. Da hier ganze Bewegungsabfolgen mit Rechts-Links-Hand- und Fußbewegungen mit Drehungen zu absolvieren sind, trainiert das Kind mit Orientierungsproblemen sehr gut.

Wie übt man am besten schwierige Wörter oder Lernwörter bei Legasthenie oder LRS:

- Eine gute Möglichkeit besteht darin, die Wörter vorwärts und rückwärts zu buchstabieren.

- Das Abschreiten oder das Klatschen der Silben der einzelnen Wörter kann insbesondere bei einer akustischen oder aber schwachen Legasthenie viel helfen, um die Wortendungen klarer zu erkennen.

- Manche Wörter können abgeleitet werden. So kann man Bäume von Baum ableiten und erkennen, dass es sich um ein **ä** und nicht ein **e** handelt.

- Lassen Sie Einzahl und Mehrzahl von Nomen bilden, um so Schwierigkeiten in der Schreibweise zu erkennen.

- Eine weitere Übung besteht darin, zu den Adjektiven die passenden Nomen zu bilden und aufzuschreiben. Oft kann man sich das Wort dann leichter einprägen.

- Eselsbrücken sind sehr gut für Nichtlegastheniker, sonst aber nicht empfehlenswert, da man bei einer Rechtschreibschwäche oft mit den Eselsbrücken nichts anfangen kann. Wenn der Legastheniker z. B. Aben**dt**euer schreibt, hilft es ihm nicht, wenn man ihm sagt, dass es sich nicht um einen Abend handelt, der teuer ist. Das Kind wird sich immer wieder die Frage stellen, ob es sich nun darum handelt oder nicht. Es wird darin keine Logik erkennen. Da es sich dann nicht für d oder t entscheiden kann, wird es beide Buchstaben verwenden.

- Geeigneter sind Sprichwörter wie: „Wer **nämlich** mit **h** schreibt, ist dämlich." Sie helfen Ihrem Kind nur dann, wenn das Sprichwort unmissverständlich und nicht interpretierbar ist, ansonsten wird ein Kind mit LRS es auf eine andere Art verstehen, die sie genauso wenig nachvollziehen können, wie ihr Kind ihre Idee.

- Schwere Wörter sollten auf Karteikarten geschrieben und schwierige Stellen farblich markiert werden.

- Halten Sie sich an eine sehr kurze Lernzeit bei Legasthenikern und üben Sie lieber öfter am Tag.

Insgesamt muss aber auch gesagt werden, dass bei einer Lese- und Rechtschreibschwäche die Devise: „Üben, üben, üben!" nicht richtig ist, ja sogar falsch. Durch viel Üben und durch verstärkten Druck werden die Kinder entmutigt und nicht besser. Krankheiten sind oft die Folge und die Kinder verändern sich in ihrem Verhalten. Dies kann von scheinbarer Gleichgültigkeit, bis hin zur Angeberei, Wut oder Angst reichen.

In den unteren Klassenstufen können geübte Diktate noch besser als ungeübte ausfallen, so dass Eltern dadurch leicht falsche Schlussfolgerungen ziehen. Oft sind die Diktate aber nur auswendig gelernt und die Kinder „malen" den Text ab. Dies hat nichts damit zu tun, dass sie auch tatsächlich wissen, wie die Wörter geschrieben werden. In einem anderen Kontext werden sie wieder Fehler machen.

Manchen Müttern wird vorgeschlagen, dass ihre Kinder das zu übende Diktat bis zu 20 x abschreiben sollen. Auch das wird nichts an der Fähigkeit eines legasthenen Kindes bezüglich der Rechtschreibung verändern.

Ebenso wird oft behauptet, dass man das Schreiben durch das Lesen erlernt, und daher gerade legasthene Kinder viel lesen sollten. Das ist nur bedingt der Fall. Die Lese- und Rechtschreibfähigkeit korreliert nur schwach miteinander. Wortbilder kann man sich nicht besonders lange merken.

Sie dürfen nie vergessen, dass Legasthenie nicht durch Faulheit, mangelnde Intelligenz oder mangelnde Fokussierung entstanden ist. Legastheniker denken auf eine ganz andere Weise als Nicht - Legastheniker.

Die korrekte Rechtschreibung bleibt für viele Jungen und Mädchen auch weit über die Grundschulzeit hinaus noch ein Rätsel, weil ihnen der Zugang über das Hören nicht so recht gelingen will und ein Verständnis für Buchstaben fehlt.

Vielleicht ist die Legasthenie leichter verständlich, wenn man davon ausgeht, dass das Gehirn verschiedene Zentren zur Verarbeitung von Informationen hat. Bei einem Legastheniker wäre in diesem Fall das Lese-Schreib-Zentrum noch nicht weit genug ausgereift, um eine ausreichend intensive Speicherung der Buchstaben zu schaffen. Voraussetzung für ein weiteres Lernen und für Fortschritte wäre folglich erst einmal die Reifung dieses Zentrums. Ist diese Voraussetzung nicht geschaffen, so kann es später nicht zu einem fehlerfreien Lesen und Schreiben kommen. Wenn dem legasthenen Kind die Buchstaben an sich schon nicht klar sind, dann kann es demgemäß auch nicht richtig schreiben. Das bedeutet, dass Sie als Eltern, mit Ihrem Kind in erster Linie Buchstabenspiele durchführen sollten, um ihm wirklich zu helfen – z. B. Buchstabenmemory (finde den kleinen und großen gleichen Buchstaben), ABC-Spiele etc. Dies sollte durchaus auch geschehen, wenn Ihr Kind bereits im Gymnasium oder an einer weiterführenden Schule ist, um ihm überhaupt die Grundvoraussetzungen zu einem späteren fehlerfreien Schreiben zu schaffen. Die Buchstaben müssen sich weitaus tiefer einprägen, als es Ihnen erscheinen mag. Auch wenn Ihr Kind die Buchstaben kennt, oder vermeintlich kennt, so muss dieses Lese- und Schreibzentrum intensiv aufgefüllt werden, was nicht der Fall ist, wenn eine Lese-Rechtschreibschwäche vorliegt. Nehmen Sie sich drei bis sechs Monate Zeit und richten Sie ihren Fokus auf die Buchstaben und nicht auf Lernwörter oder Diktate. Machen Sie jegliche Form von Buchstabenspielen. Wichtig sind insbesondere Spiele mit den für Legastheniker oft leicht zu verwechselnden Buchstaben: ao, bp, bd, dp, uo.

Man kann z. B. feststellen, dass Kleinkinder, die aufgrund erblicher Veranlagung eine Legasthenie haben könnten, sich später – auch wenn sie tatsächlich Legastheniker sind – deutlich einfacher tun, wenn sie bereits im Kleinkindalter viele Buchstabenspiele gemacht haben. Es ist dabei gleichgültig, ob diese Kleinkinder Buchstaben ausmalen, tanzen, in Sand malen, Memory spielen oder auf andere Weise sich den Buchstaben spielerisch annähern. Im Kleinkindalter erwartet auch niemand, dass es zu lesen beginnt, und so kann es sich auch mit den Buchstaben stressfrei und spielerisch anfreunden und als Legastheniker einen klaren Vorteil haben.

Kinder mit Leserechtschreibschwierigkeiten aufgrund einer auditiven Wahrnehmungsschwäche sind nicht dumm und kennen die entsprechenden Regeln meist sehr genau. Ihre Schwierigkeiten liegen in einem ganz anderen Bereich, denn sie sind auf einer früheren Stufe des Schriftspracherwerbs stehengeblieben. Diese frühe Stufe können Sie bei einer familiären Veranlagung schon im Kleinkindalter fördern, oder aber im Nachhinein vertiefen.

Legasthenikern gelingt es nicht, jeden gehörten Laut sicher und schnell einem Buchstaben oder einer Buchstabenverbindung zuzuordnen. Die Laute können oft nicht identifiziert werden und nicht eindeutig einem Buchstaben zugeordnet werden. Gerade die oben genannten leicht zu verwechselnden Buchstaben machen den Kindern hierbei Probleme.

Daher sollte es als Eltern Ihr Ziel sein, erst einmal die Voraussetzung für richtiges Schreiben, bei Ihrem Kind zu schaffen. Wenn möglich sollten Sie dies einem Profi übergeben und nicht einem Nachhilfelehrer.

Lassen Sie Ihr Kind frei schreiben und geben Sie ihm ein einfaches Wörterbuch zur Hilfe. Kritisieren Sie es nur dann, wenn es die Kritik zulässt und vorher gefragt wurde. Loben sie Ihr Kind! Es möchte mit Sicherheit gern richtig schreiben können und Ihr Lob wird es in seinen Bemühungen stärken und beflügeln.

3. Rechtschreibregeln und Diktate

3.1 Rechtschreibstrategien im Überblick

1. Aussprache

Eine der wichtigsten Regeln ist deutliches Sprechen:

Wenn du dir bei der Schreibweise eines Wortes nicht sicher bist, spreche das Wort
<u>Silbe für Silbe</u> laut aus:

geste**h**en	→ ge-ste-**h**en	→	das „h" in der letzten Silbe ist nun klar zu hören!
b**ee**nden	→ b**e**-**e**n-den	→	in Silben gesprochen, hörst du das zweite „e" deutlich heraus.

2. Konsonantenverdoppelung nach einem kurzen Vokal

Du erkennst den doppelten Konsonanten in der Mitte eines Wortes, wenn du die Wörter **in Silben trennst**, denn dann hörst du den Mitlaut doppelt:

der Koffer	→	Kof-fer
krabbeln	→	krab-beln
die Ratte	→	die Rat-te

Steht der doppelte Konsonant am Wortende, dann musst du das **Wort verlängern** und
anschließend in Silben aufteilen:

still	→	sti**l**-**l**er
fett	→	fe**t**-ter
muss	→	mü**s**-**s**en
das Blatt	→	die Blä**t**-**t**er

3. Dehnungszeichen bei langem Vokal

In der deutschen Rechtschreibung kommen verschiedene Dehnungszeichen vor.

a) „**h**" → Dehnungs-h

→ die Fah**h**ne – die Fa**h**-nen

→ die Bah**h**n – die Ba**h**-nen

→ der Rah**h**men – die Ra**h**-men

b) Vokalverdoppelung (kommt selten vor)

→ das Bo**o**t – die Bo**o**-te

→ die Id**ee** – die Id**e**-**e**n

c) Bei den meisten Wörtern, in denen der Vokal lang gesprochen wird, gibt es jedoch
kein Dehnungszeichen.

→ der V**a**ter	–	die V**ä**-ter	→ r**u**fen	–	r**u**-fen
→ der B**o**te	–	die B**o**-ten	→ die R**u**te	–	die R**u**-ten

4. Der i-Laut – kurz oder lang

Die richtige Schreibweise des i-Lautes bereitet sehr vielen Menschen Probleme. Die meisten denken, wenn das „i" lang gesprochen wird, schreibe ich „ie", das ist leider so NICHT RICHTIG und zählt zu den häufigsten Fehlern.

a) Betonter i-Laut

Das lange „i" ist eigentlich das Dehnungs-e (**-ie**).

Als erste Regel für ein langes „i" kannst du dir merken: Wir schreiben -ie, wenn der i-Laut in der **1. Silbe betont** wird. Im Plural bzw. in der Verlängerung hört man dies oft noch genauer.

→ der Di**e**b   –   die Di**e**-be
→ die Zwi**e**-bel –   die Zwi**e**-beln
→ der Si**e**g   –   die Si**e**-ger (si**e**-gen)
→ das Spi**e**l   –   die Spi**e**-le, (spi**e**-len)

Ausnahme:

Ein lang gesprochenes „i" in der 1. Silbe schreibt man „i", wenn das Wort bereits ein „ie" enthält

Beispiele: Li**l**ie, Li**n**ie, Pinie ...

Es gibt **drei Endungen,** bei denen man **-ie** schreibt.

→ -ie   –   Demokrati**e**, Philosophi**e**, ...
→ -ier   –   Turni**er**, Quarti**er**, Spali**er** ...
→ -ieren –   fotografi**eren**, telefoni**eren**, spazi**eren**, kapi**eren,** ...

Merke: Alle anderen <u>betonten langen i-Laute</u> schreiben wir mit <u>einfachen „i"</u>!

In der Regel sind es Wörter,

→   die aus **mehr als zwei Silben bestehen** wie z. B. Ap-fel-si-ne, Kro-ko-dil, Ma-schi-ne.

→   die **auf der zweiten Silbe betont** werden wie z. B. Ben-zin, Mu-sik, Sta-tiv, Ta-rif.

→   die **kein „e" in der zweiten unbetonten Silbe** haben wie z. B. Kli-ma, Fir-ma.

Es gibt leider auch eine Reihe von Wörtern, bei denen der „i"-Laut lang gesprochenen wird, aber dennoch nur ein einfaches „i" geschrieben wird, die unter <u>keine Regel</u> passen. Diese musst du wirklich lernen!

Ausnahmeliste:

mir	dir	wir		
Bibel	Biber	Brise	Fibel	Igel
Kilo	Kino	Klima	Klinik	Krise
lila	Liter	Liga	Nische	Primel
Prise	prima	Risiko	Ritual	Silo
Sinus	Sirup	Schi/Ski	Tiger	Titel
Virus	Visum	Viper	Vize(meister)	...

b) Unbetonter „i"-Laut

Bei unbetontem „i"-Laut schreiben wir ein einfaches „i"

Beispiele: Silbe, Kinder, immer, finden, traurig, Elektrik, wichtig, richtig ...

5. Ähnliche Laute - Wörter ableiten (e-ä, eu-äu)

Bei ähnlichen Lauten kannst du die richtige Rechtschreibung daran erkennen, indem du die Wörter ableitest.

die **Ä**pfel	→	der **A**pfel
die Geb**äu**de	→	b**au**en
die M**äu**se	→	die M**au**s
das Feuer	→	kein Wort zur Ableitung, also „eu"
die L**äu**se	→	die L**au**s

6. Verlängerungsprobe

Häufig hört man auch bei genauer Aussprache eines Wortes den letzten Buchstaben nicht exakt. Wenn du dir nicht sicher bist, verlängere die Wörter, indem du den Plural bei Nomen und den Komparativ bei Adjektiven bildest.

Beispiele:

Der Wal**d** oder Wal**t**? → die Wäl-**d**er

→Im **Plural** kannst du das „**d**" genau hören.

die Bur**g**	→	die Bur-**g**en
lusti**g**	→	lus-ti-**g**er
das Bil**d**	→	die Bil**d**er

7. „s"- Laute

a) stimmhaftes („weiches") „**s**"

→ der Ra**s**en

→ die Va**s**e

→ der E**s**el

b) stimmloses („hartes") „s"

nach einem **kurzen Vokal** schreibst du „**ss**"

→ der Hass / hassen

→ die Kasse

→ das Essen / essen

nach einem **langen Vokal** oder einem Doppelvokal schreibst du „**ß**":

→ der Fuß / die Füße

→ der Spaß / die Späße

→ draußen

→ außer

→ die Straße

8. „das" oder „dass"

Bei „d<u>a</u>s" handelt es sich um einen <u>bestimmten Artikel</u> oder ein <u>Pronomen</u>.

„d<u>a</u>ss" ist eine <u>Konjunktion</u> und <u>leitet einen Nebensatz</u> ein. Wenn du dir diesen Unterschied merkst, sollten dir keine Fehler mehr unterlaufen.

Des Weiteren helfen dir folgende Regeln:

a) „da**s**" lässt sich problemlos durch „dieses", „jenes" oder „welches" (Relativpronomen) ersetzen.

Beispiele: Das Baby schläft und das Baby ist wach.
→ Dieses Baby schläft und jenes Baby ist wach.
Das Baby, **das** schläft, heißt Clara.
→ Das Baby, **welches** schläft, heißt Clara.

b) „da**ss**" lässt sich <u>nicht</u> ersetzen ohne den Sinn zu verändern.

Beispiele: Ich weiß, da**ss** du in Deutsch sehr gut bist.

Ich weiß, ~~dieses~~ du in Deutsch sehr gut bist.   ⎤   Alle falsch
Ich weiß, ~~jenes~~ du in Deutsch sehr gut bist.   ⎬   → keine der Ersetzungen ist möglich
Ich weiß, ~~welches~~ du in Deutsch sehr gut bist.   ⎦

> Achtung: „**dass**" wird <u>immer</u> durch ein Komma abgetrennt, aber das Komma alleine ist kein zwingendes Merkmal, denn auch das **Relativpronomen „das"** wird <u>immer</u> durch ein Komma abgetrennt!

9. Merkregeln bei Vorsilben

Vorsilben gehören zu den Merkregeln, du hörst nicht ob es sich um „f" oder „v" handelt. Allerdings erkennst du eine Vorsilbe daran, dass du ein vollständiges Wort erhältst, wenn die Vorsilbe weglässt.

Vorsilbe ent-:

Beispiele:

> **ent-:**   ent-stehen, ent-wickeln, ent-decken

Merke: Bei **end**lich handelt es sich nicht um die Vorsilbe „ent", sondern um eine Ableitung von En**d**e mit der Nachsilbe „–lich".

Vorsilben mit „v":

Es gibt keine Vorsilben mit „f" sie fangen alle mit „v" an: **ver-, vor, voll-**

Beispiele:

> **ver-:**   ver-lieren, ver-loben, ver-heiratet
> **vor-:**   Vor-reiter, Vor-silbe, vor-lesen
> **voll-:**   voll-kommen, voll-ständig, voll-ziehen

Vorsilbe „wieder-"   oder „wider":

Es gibt die Vorsilbe „wider-" aber auch „wieder-". Gesprochen werden beide Vorsilben gleich, du musst den Unterschied also über den Kontext erfassen.

wieder-:   „wie**der**" im Sinne von erneut wird mit „**ie**" geschrieben.

Beispiele: wieder-holen, wieder-geben, wieder-beleben, wieder-käuen …
Wieder-holung …

wider-:   „wider" wird mit einfachem „**i**" geschrieben, wenn es im Sinne von **zurück** oder **dagegen** verwendet wird. Die Vorsilbe „wider" kommt nur bei wenigen Wortbildungen vor. Bei Adjektiven und Nomen bedeutet die Vorsilbe **gegen**.

Beispiele: wider-sprechen, wider-fahren, wider-stehen …
wider-spenstig, wider-natürlich …
Wider-sacher, Wider-handlung, Wider-willen, Wider-wort …

10. Groß- und Kleinschreibung

Groß geschrieben werden im Deutschen immer der <u>Satzanfang</u>, <u>Eigennamen</u> und <u>Namenwörter</u> (Nomen). **Alles andere wird klein geschrieben.**

Für Nomen gibt es zahlreiche Signale:

a) Spezielle <u>Endungen</u> deuten auf Namenwörter hin.

> -ung, -heit, -keit, -schaft, -tum, -nis, -sal, -ling, -lein, -chen, -sel, -tion

Beispiele:
L**ö**s<u>ung</u>, **G**esund<u>heit</u>, **E**itel<u>keit</u>, **M**eister<u>schaft</u>, **R**eich<u>tum</u>, **K**ennt<u>nis</u>, **S**chick<u>sal</u>, **F**eig<u>ling</u>, **M**änn<u>lein</u>, **M**äd<u>chen</u>, **P**in<u>sel</u>, **P**roduk<u>tion</u>

b) Artikel: Vor ein Nomen kannst du stets einen bestimmten oder unbestimmten Artikel setzen:

<u>ein</u> **B**uch – <u>das</u> **B**uch

<u>der</u> **N**ame – <u>ein</u> **N**ame

<u>die</u> **F**rau – <u>eine</u> **F**rau

→ Zwischen dem Artikel und dem Nomen kann auch jederzeit ein <u>Adjektiv</u> stehen.

ein <u>spannendes</u> **B**uch

ein <u>ausgefallener</u> **N**ame

die <u>hübsche</u> **F**rau

c) Präpositionen

<u>beim</u> **S**pazierengehen, <u>zum</u> **S**chwimmen

d) Adjektiv

ein <u>großartiges</u> **T**heaterstück

<u>schwere</u> **Z**eiten

Ein Artikel vor dem Adjektiv bezieht sich stets auf das nachstehende Nomen.

e) Mengenangabe (Zahlwort oder Indefinitpronomen)

<u>nichts</u> **G**utes

<u>etwas</u> **N**ettes

<u>alles</u> **G**ute und **L**iebe …

11. Häufige Rechtschreibfehler

Im Deutschen gibt es Wörter, die in der Aussprache identisch sind, aber unterschiedlich geschrieben werden. Hier kannst du nur aus dem **Kontext** erkennen, um welches Wort es sich handelt. Diese Wörter zählen zu den häufigen Fehlern, die Schülern unterlaufen.

Mann – man

→ Unser Lehrer ist ein großer **Mann**.

→ Meine Mama sagt immer: „Das tut **man** nicht."

isst – ist

→ Bis du fertig i**sst**, i**s**t das Essen kalt.

er i**sst**   → 3. Person Singular von „essen"

er i**s**t   → 3. Person Singular von „sein"

seid - seit

→ Handelt es sich um die zweite Pluralform des Hilfsverbs „sein" (ihr seid), schreibst du „sei**d**".

Bei „sei**t**" handelt es sich um eine temporale (**zeit**liche) Präposition.

→ **Seid** ihr schon fertig mit den Hausaufgaben?

→ Meine Schwester ist **seit** gestern in London.

Zuhause – zu Hause – zuhause

→ Unser neues **Zuhause** ist sehr gemütlich.

In diesem Fall handelt es sich um ein **Substantiv** „das Zuhause", es ist nur ein Wort und wird immer großgeschrieben.

→ Bist du noch **zu Hause** (zuhause)?

In diesem Fall handelt es sich („zuhause" und „zu Hause") um eine **lokale Präposition**.

→ Wo bist du? → zu Hause

Beide Schreibweisen sind möglich. Laut Duden wird die Schreibweise **„zu Hause"** **empfohlen**.

Tod - tot

Das Substantiv „der **Tod**" schreibst du mit „d" und groß, das Adjektiv „**tot**" hat ein „t" am Ende.

→ Der **Tod** des Schauspielers kam unerwartet.

→ Er wurde von seiner Putzfrau **tot** in seiner Wohnung aufgefunden.

   Wie wurde er gefunden? → **tot**

Hier findest du eine Liste häufig falsch geschriebener Wörter, in der die kritischen Stellen **fett** gedruckt sind.

a**m b**esten	infolgedessen	Rück**g**rat
anhand	**I**nkrafttreten	Satel**lit**
A**ppa**rat	inwieweit	Schlo**ss**
A**r**matur	Intere**ss**e	Schlu**ss**
A**symm**etrie	Katastro**ph**e	schnellstmöglich
a**symm**etrisch	Jo**gh**urt	Sekre**t**ariat
Aufwan**d**	Katastro**ph**e	Sekre**t**ärin
Bal**lett**	korri**g**ieren	selb**stst**ändig
Bab**ys**	Maschine	s**e**lig
bar	mithilfe	sep**a**rat
barfuß	nach wie vor	S**i**lv**e**ster
bis auf Weiteres	nämlich	Standar**d**
Biskuit	nichtsdestotrotz	**Symm**etrie
bi**ss**chen	noch mal	s**ym**p**ath**isch
Bri**ll**ant	ohn**e W**eiteres	unte**r a**nderem
brillant	ori**g**inal	Verwan**dt**schaft
de**s W**eiteren	paral**lel**	verwan**dt**
E-Mail	rau	vo**r**aus
en**d**lich	Reparatur	wie viel
hoffentlich	Res**ü**mee	vorbeikommen
i**m E**inzelnen	Re**v**an**ch**e	**wi**derlegen
i**m F**olgenden	reva**n**ch**ie**ren	**wi**dersprechen
i**m W**esentlichen	**Rh**etorik	zuweilen
i**m V**oraus	**Rhyth**mus	

Die Wörter, die keine Markierung haben, werden oftmals anders geschrieben als gesprochen oder als erwartet (getrennt, zusammen, ohne Dehnungszeichen …).

3.2   Diktate

Zahlreiche Studien belegen, dass die Rechtschreibung bei Schülern in den letzten Jahrzehnten stark nachgelassen hat. Aus welchen Gründen auch immer fehlen zu vielen Kindern die Grundlagen in der Rechtschreibung. Es gilt die Defizite auszugleichen. Die Haltung, heute im Zeitalter von Rechtschreibprogrammen und Autokorrektur ist korrekte Rechtschreibung nicht wichtig, ist nicht hilfreich.

Richtig schreiben lernst du nur durch richtiges Schreiben. Richtiges Schreiben erlernst du durch regelmäßige Übung. Täglich fünf Minuten Schreibübung und alle zwei Tage ein kleines Diktat (ca. 10 – 15 Minuten) sind eine gute Vorbereitung.

Hinweise zur Durchführung eines Diktates:

1. Schritt: Das ganze Diktat bitte einmal langsam am Stück vorlesen.

2. Schritt: Nun soll das Kind schreiben. Jeden Satz zweimal langsam in Sinnabschnitten (3 - 4 Wörter) diktieren, alle Satzzeichen müssen mitdiktiert werden.

3. Schritt: Nochmaliges, langsames Vorlesen des gesamten Diktates im Zusammenhang. (Kind soll leise jedes Wort mitlesen!)

4. Schritt: Fünf Minuten Überarbeitungszeit für das Kind.

Hinweise zur Korrektur eines Diktates:

➤ Pro Wort darf nur ein Fehler berechnet werden.

➤ Für jedes fehlende Wort wird ein ganzer Fehler gerechnet. (Unbedingt vermeiden!)

➤ Wiederholungsfehler: Wenn das Wort nochmals in <u>exakt derselben Weise</u> falsch geschrieben wurde, zählt der Fehler insgesamt nur ein einziges Mal. Sind die Fehler aber unterschiedlich, dann zählt der Fehler auch doppelt.

Beispiel: **sieht**:   siet – siht

➤ Satzzeichenfehler und Trennungsfehler sind halbe Fehler.

➤ Fehlende Umlautzeichen sind halbe Fehler.

    → „a" statt „ä", „o" statt „ö", „u" statt „ü" sind halbe Fehler.

3.2.1 Das Leben in der Steinzeit

G5 / R5 / M56

Die Steinzeit liegt **vie**le Jahrtausende zurück und handelt von der frü**h**esten Menschengeschichte. Die Menschen ernä**h**rten sich damals hauptsä**ch**lich von Tieren und B**ee**ren. Die Steinzeitjäger erlegten das Wild mit einfachen Hilfsmi**tt**eln wie zum Beispiel Holzsp**ee**ren. Ma**mm**ut, **Rentier**, Elch und Wildschwein gehörten damals zum Speiseplan, aber auch Fische wurden gerne verze**h**rt. W**äh**rend die Männer zur Ja**gd** waren, sa**mm**elten die Frauen und Kinder **Ess**bares aus der Natur: Wur**z**eln, Nü**ss**e und B**ee**ren.

Die Menschen lebten damals in einfachen Hü**tt**en aus Zweigen. Spätere Hütten wurden mithilfe von Mammutknochen und Fe**ll**en erbaut.

In Hö**h**len suchten sie zuweilen für kurze Zeit Schu**tz** vor schlechtem We**tt**er. Für eine stä**nd**ige Unterkunft war es in Höhlen zu kalt und zu feucht.   (116 Wörter)

Fehler gesamt ca. 120 Wörter	0 – 1,5	2 – 3	4 – 5	6 – 8	9 – 11	ab 12
Note	1	2	3	4	5	6

3.2.2 Im Schwimmbad

G5 / R5 / M56

Als Alex nach dem **Schwimm**en in die Umkleidekabine kommt, erschrickt sie: Ihre Sachen liegen auf dem Boden und ihr Spind ist offen! Jemand hat sie beim Durchwühlen ihres Schranks achtlos auf den Fußboden geworfen! Zuerst ist es Alex richtig zum Heulen **zumute**, doch dann kann man ein Lächeln auf ihrem Gesicht sehen. Sie hat etwas entde**ck**t: einen kleinen Br**ie**f. Erstaunt l**ie**st sie diesen und strahlt plötzlich über das ganze Gesicht. Schnell z**ie**ht sie sich an und läuft zum Ausgang des Schwimmbads. Was wo**hl** in dem Brief stand? (90 Wörter)

3.2.3 Müll im Wald

G5 / R5 / M56

Wi**ll**st du im M**ü**ll leben? Oder in einem Haus, das **völl**ig verdreckt ist? Wenn du etwas anfa**ss**t, klebt es? Nein, da**s** möchtest du nicht!
Die B**äu**me auch nicht! Wenn du deinen Dre**ck** im Wald, entsor**g**st, hast du bald große Sorgen mit dem Wald! „Im Wald Müll und Gestan**k**, das macht mich krank! Im Wald Ki**pp**en und Dre**ck**, da**s** mu**ss** weg!"
Denke immer daran, auch Tiere können deinen Müll mit Futter oder **Ess**barem verwe**chs**eln. Sie fre**ss**en diesen und können daran sterben. Wenn du den Wald verlässt, ni**mm** bi**tt**e a**ll** deinen Müll wieder mit nach Hause. (100 Wörter)

3.2.4 Der Bücherwurm

G5 / R5 / M56

Christo**ph**s Vorl**ie**be gal**t** schon i**mm**er spa**nn**enden oder lustigen Büchern. Sobald er zu lesen begi**nn**t, taucht er förmlich in seine Bücher ein.
Am l**ie**bsten l**ie**h er sich die Bücher aus der Bibli**oth**ek, in denen **kuriose** Gestalten oder Fabelwesen ver**rück**te Abenteuer erlebten und er dabei seiner **Fantasie*** freien Lauf lassen und sich alles **M**ögliche ausmalen ko**nn**te. Das **E**inzige, was Christoph wirklich herausragen**d** konnte, war sich alles e**x**akt vorzustellen, so deutlich, da**ss** er die Dinge vor sich sah, Sti**mm**en vernahm und sogar Gerüche wa**hr**nahm.
Während er in die Welt seiner Bücher eintauchte, vergaß er oftmals alles um sich herum und wachte erst am Ende der Geschichte auf, wie aus einem Traum.

*Vom Duden empfohlene Schreibweise: Fantasie → – Alternative: Phantasie (110 Wörter)

Fehler gesamt 110 Wörter	0 – 1	2 – 3	4 – 5	6 – 7	8 – 10	ab 11
Note	1	2	3	4	5	6

3.2.5 Gedanken über Zufall, Glück und Schicksal

G5 / R56 / M56

Ist es Zufall, dass ausgerechnet ich hier sitze? Was wäre eigentlich, wenn statt mir jemand anderer auf die Welt gekommen wäre? Wenn im Bauch meiner Mutter mein Bruder oder vielleicht meine Schwester oder irgendein fremdes, schrecklich doofes Kind in meine Familie hineingeboren wäre? Wie wäre die Welt ohne mich? Wo wäre ich denn dann? Würde mich überhaupt irgendjemand hier vermissen? Mich würde ja keiner kennen. Statt mir wäre hier ein ganz anderes Menschenkind, das bei meinen Eltern aufwachsen, in meinem Zimmer wohnen und mit meinem ganzen Spielzeug spielen dürfte.

Das Schicksal wollte, dass ich genau in diese Familie komme und ich bin glücklich, dass Alles ist, wie es ist. (115 Wörter)

Fehler gesamt 110 Wörter	0 – 1	2 – 3	4 – 5	6 – 7	8 – 10	ab 11
Note	1	2	3	4	5	6

3.2.6 Das Gehirn, ein geniales Organ

Als Gehirn oder Hirn wird bei Wirbeltieren der im Kopf gelegene Teil des zentralen Nervensystems bezeichnet.

Wusstest du schon, dass dein Gehirn etwa 1,5 Kilogramm wiegt, zu 80 % aus Wasser und etwa 15 Milliarden grauen Zellen besteht?

Wenig erfreulich ist, dass diese Gehirnzellen gleich nach der Geburt absterben. Und sie wachsen nicht mehr nach! Doch das ist normaler-weise kein Problem: Immerhin hat der Mensch von Geburt an so riesige Vorräte an Gehirnzellen, dass sie für ein ganzes Leben reichen. Dein Gehirn ist in mehrere Bereiche aufgeteilt. Einer der interessantesten davon ist das Großhirn. Hier werden Entscheidungen getroffen und Erinnerungen gespeichert, aber es gibt auch Abteilungen für das Sprechen, Hören, Tasten, Sehen, Verstehen, sowie für Bewegungen und Gefühle. (118 Wörter)

Fehler gesamt 110 Wörter	0 – 1	2 – 3	4 – 5	6 – 7	8 – 10	ab 11
Note	1	2	3	4	5	6

3.2.7 Mittwochnachmittage

G5 / R56 / M56 → Schwerpunkt Doppelkonsonanten, Doppelvokale

Jeden **Mittwochnachmittag**, fahren **Anna** und ihre ne**tt**e Freundin Anne**tt**e zum **S**chwi**mm**en an den **S**chwar**z**see, denn **m**ittwochs haben sie keinen Nachmittagsunterricht. Dort angeko**mm**en suchen sie sich einen scha**tt**igen Pla**tz**, **s**pe**rr**en ihre Fah**rr**äder mit einem Nu**mm**ernschlo**ss** zusa**mm**en und breiten ihre Ma**tt**en und Handtücher aus. Viele Menschen schwi**mm**en nicht nur im Wa**ss**er sondern segeln mit ihren B**oo**ten oder **surfen** auf dem S**ee**. Bevor die **B**eiden zum **S**chwi**mm**en gehen, binden sie stets ihre H**aa**re zusa**mm**en. Meistens schwimmen sie als erstes zum Flo**ß**, das in der Mi**tt**e des Sees festgemacht ist. Da**ss** da**s** Flo**ß** überfü**ll**t ist kommt selten vor. Im See gibt es zahlreiche Fische, viele Fische leben aber au**ss**chließlich im M**ee**r, zum Beispiel das grö**ß**te S**äu**getier der Welt - der Blauw**a**l.

Die **Z**wei fahren in der Regel nach dem **S**chwi**mm**en nach Hause zu A**nn**a. Ein Grund, da**ss** sie dorthin fahren, ist, da**ss** Annas Mama i**mm**er zu Hause ist und schon mit einer heißen Ka**nn**e **T**ee auf die Mädchen wartet.   (155 Wörter)

3.2.8 Frühere Zeiten

G6/R7/M78

Vor gar nicht so **vie**len Jahren gab es weder Fernseher noch **V**ideorekorder. Es gab lediglich Kino und **Th**eater und **n**iemand vermi**ss**te diese te**ch**ni**sch**en Geräte. Auch Autos standen nur **W**enigen zur **V**erfügung. Das private **F**ortbewegungsmi**tt**el damals hie**ß** Fah**rr**ad. Ferne Urlaube mit dem Flugzeug kannte das **V**olk nicht. Obw**oh**l die ersten **V**ersuche, zu fli**eg**en wie ein **V**ogel, schon se**hr** frü**h** stattfanden.

In den Fer**ie**n reisten nur die **R**eichen in ferne Länder. In den meisten Famil**ie**n ver**gn**üg**ten sich die Kinder fröh**l**ich am S**ee** oder auf dem Hof, w**äh**rend die Eltern in der Regel arbeiteten.

Die meisten Famil**ie**n saßen **a**bends gemeinsam in der Stube und **v**erbrachten ihre Zeit mit **K**artenspi**e**len oder **Hausmusik**. Mit **V**orli**e**be hörten die Kinder zu, wenn Vater Geschichten **v**ortrug oder Mutter die Famil**ie** als **V**orleserin in ihren B**ann** zog. Auch wenn **viell**eicht **E**iniges in früheren Zeiten feh**l**te, was heute **völlig** selbst**v**erst**änd**lich ist, die L**eu**te waren damals nicht weniger zufr**ie**den.   (150 Wörter)

Fehler gesamt 150 Wörter	0 – 2	3 – 5	6 – 8	9 – 11	12 – 14	ab 15
Note	1	2	3	4	5	6

Gilt für beide Diktate!

3.2.9 Ein herrlicher Wintertag

G5 / R5 / M5

In den letzten Tagen vor Weihnachten haben wir vergeblich auf die ersten weißen Tage gewartet. Doch schließlich schneite es draußen und meine Eltern schlugen uns einen ausgedehnten Spaziergang vor.

Wir zogen uns warm an, mit Schneeanzug, Handschuhen, Wollmütze und warmen Winterstiefeln und dann ging es los.

Die Schneekristalle glitzerten im Sonnenlicht und wir freuten uns alle.

Plötzlich spürte ich etwas auf meinem Kopf - einen Schneeball. Papa hatte damit eine Schneeballschlacht ausgerufen und plötzlich hieß es: „Alle gegen Papa!" Er hatte keine Chance gegen uns. Irgendwann rief Papa: „Ich ergebe mich!"

„Können wir wieder nach Hause gehen?", mischte ich mich ein, „mir ist nämlich kalt."

Mit kalten Füßen und roter Nase schlenderten wir zurück.

„Zu Hause wartet eine heiße Schokolade auf euch", verkündete meine Mutter fröhlich.

Kurze Zeit später saßen wir gemütlich bei Kakao und Tee im Wohnzimmer und spielten zusammen „Mensch ärgere dich nicht".

150 Wörter

Fehler gesamt 150 Wörter	0 – 2	3 – 5	6 – 8	9 – 11	12 – 14	ab 15
Note	1	2	3	4	5	6

3.2.10   Wasserski

G5 / R6 / M6

Ralph Samuelson (diktieren) ein Amerikaner, der in der Nähe eines Sees lebte, wollte unbedingt mit **Skiern** auf dem Wasser laufen. Er machte sich **vie**le Gedanken und startete za**h**lreiche **V**ersuche, um sein Z**ie**l zu erreichen. Im Ort wurde er bel**ä**chelt und verspo**tt**et, bis es ihm schl**ieß**lich 1922 gelang sich auf zwei Brettern, gezogen von einem Motorb**oo**t, über Wasser zu halten. Plö**tz**lich wurde er bejubelt und seine Erfindung eroberte die Welt. E**h**rgei**zig** verfeinerte er seine Erfindung und 1923 gelang es ihm erstmals mit seinen Wasserskiern über eine Rampe zu springen. 1924 im Alter von 23 Jahren erlitt er eine schwere Rü**ck**enverletz**u**ng, so da**ss** er seinen gel**ieb**ten Wassersport nicht mehr ausüben ko**nn**te. Er verabsch**ie**dete sich en**d**gülti**g** vom Sport und fing an, Truth**äh**ne zu züchten.

Leider hat Samuelson es vers**äu**mt seine Erfindung zum Paten**t** anzumelden.

Heute gibt es auch im **Wasserskisport** Liftanlagen, durch welche es einer breiten Ma**ss**e möglich ist, diesen Sport **auszuüben**.   148 Wörter

Merke: der Ski – die Ski-er oder der Schi – die Schi-er → beides ist möglich!

Fehler gesamt ca.- 140 Wörter	0 – 2	3 – 4	5 – 6	7 – 10	11 – 13	ab 14
Note	1	2	3	4	5	6

3.2.11   Tierquälerei

G5 / R6 / M7

In unserem le**tzt**en So**mm**erurlau**b** traf ich mi**tt**en am Stran**d** einen alten Mann, mit **vollem**, graue**m Haar** und eine**m** ri**esi**gen Schnau**z**bart umringt von zahlreichen Menschen. Er führte einen großen Braunbär an einer langen, h**äss**lichen Metallkette aus. Der B**är** tan**z**te und die Leute kla**tscht**en. Das sa**h** wirklich lusti**g** aus und auch ich mu**ss**te schmun**z**eln.

Als ich das **E**rlebte meinen Eltern erz**äh**lte, schimp**ft**e Mama gleich los: „Ste**ll** dir vor du m**üss**test bei 40 Grad mit eine**m** Pelzmantel herumlaufen und auch noch tan**z**en!" W**äh**rend sie sich weiter aufregte, verteidigte mich mein Bruder und meinte es sei ja schl**ieß**lich nicht meine Schuld. Mama entschuldi**g**te sich: „Es tut mir leid **K**leines, aber ich möchte, da**ss** ihr verste**ht**, da**ss** da**s** Tier**quä**lerei ist, auch wenn die Leute rundherum kla**tsch**en, das Tier lebt in unzumutbaren Verhältni**ss**en und muss leiden."
Ich wurde traurig und mir ku**ll**erten Tr**ä**nen über die Wangen. Mama na**h**m mich in die Arme und tröstete mich.

(150 Wörter)

Fehler gesamt 150 Wörter	0 – 2	3 – 5	6 – 8	9 – 11	12 – 14	ab 15
Note	1	2	3	4	5	6

3.2.12   Die Adventszeit

G5 / R56 / M6 → Schwerpunkt: v/f (viel/fiel), s/ß/ss,

Ich freue mich jedes Jahr besonders auf die Adventszeit. Am 1. Dezember bekommen meine Schwester und ich immer einen Adventskalender mit 24 kleinen Päckchen. Wir müssen uns diesen zwar teilen, aber das heißt es bekommt jeder von uns zwölf liebevoll erstellte Päckchen. Meine Schwester darf immer mit dem ersten Päckchen beginnen, da sie die Kleinere ist. Das macht mir aber nichts aus, denn ich bekomme schließlich schon zwei Jahre länger einen Adventskalender. In der Adventszeit backen wir mit meiner Mutter immer viele verschiedene Plätzchen. Im letzten Jahr fiel mir blöderweise das letzte Blech auf den Boden. Die Plätzchen zerfielen in viele kleine Brösel. Mama schickte uns daraufhin hinaus in den Park. Da im letzten Winter sehr viel Schnee fiel, nahmen wir unseren Schlitten mit. Wir hatten viel Spaß, doch leider fiel ich mit dem Schlitten um und verletzte mich ein bisschen. Am Abend fiel Mama die aufgerissene Hose und die Verletzung auf. Ihr gefiel das gar nicht und sie wollte Vielerlei über den Verlauf wissen.

(165 Wörter)

3.2.13 Computer und Technik

G56 / R67 / M67

Nahezu jeder Haushalt verfügt über mehrere Fernseher, Computer, Laptops oder Notebooks. Oftmals hat jedes Familienmitglied ein eigenes Handy. Die Häuser sind heutzutage vernetzt – WLAN, SMS, Facebook, Twitter und Whatsapp gehören zum Alltag der Kinder. Niemand möchte heute auf technische Geräte wie Herd, Backofen, Waschmaschine, Mikrowelle oder Föhn verzichten.
Das Zeichnen von Skizzen für Häuser, Zimmereinrichtungen oder Gartengestaltung wird in den Büros heute durch Computerprogramme unterstützt. Auch Schüler nutzen interessiert Rechner und Internet zum Beispiel für Recherchearbeiten und zum Erstellen von Referaten. Du kannst fast alles im Internet erfahren und sogar Freunde im Netz finden. Aber das Internet birgt auch Gefahren. Jeder sollte darauf achten, dass er keine persönlichen Daten im Netz veröffentlicht, keine Adresse und keine Telefonnummern preisgibt. Du kannst dir auch nie sicher sein, ob das, was ein Freund schreibt, den man nur aus dem Netz kennt, immer der Wahrheit entspricht.

(154 Wörter)

3.2.14 Vorsicht im Straßenverkehr

G5 / R6

Mein großer Bruder hat vor **K**urzem seinen Führerschein bestanden. Bei einer gemeinsamen **T**o**u**r in Papas Auto erklärt er mir die Tü**ck**en des Straßenverkehrs.

„Vor dem Start musst du das Fahrzeug auf dich einstellen. Rü**ck**sp**ie**gel, Seiten**spie**gel und Si**tz** müssen immer auf die **G**rö**ß**e des Fahrers eingeste**ll**t sein. Das **A**nschnallen nicht ver**g**e**ss**en und los ge**h**t'**s**. Du mu**ss**t ste**ts** den gesamten Verke**h**r überbli**ck**en. Beim **A**b**bie**gen se**tz**e ich den Blinker, schaue noch ein le**tz**tes **M**al über die Schulter, wenn **N**ichts meine Fahrt behindert, kann ich ab**bie**gen. Überholt wird über die linke **Spu**r. Be**v**or ich zum **Ü**berholen anse**tz**e, blin**k**e ich, bli**ck**e lin**ks** über meine Schulter und überhole bei freier Fahrt. Hörst du eine Sirene, heiß**t** es Fuß weg vom Ga**s** und sich or**ie**nt**ie**ren, aus welcher Richtung das Einsa**tz**fahrzeug ko**mm**t. Bei se**h**r hohe**m** **V**erke**h**rsaufko**mm**en mu**ss** eine Rettungsga**ss**e gebildet werden. Hierzu fä**h**rt jedes Auto ein wenig in Richtung Straßenrand oder Fahrbahnmitte, so da**ss** sich zwischen den Autos eine Ga**ss**e für den Re**tt**ungswagen oder die Polizei bildet." (162 Wörter)

Achtung: „vor **K**urzem" oder „vor kurzem" →Beide Varianten sind korrekt, aber vom Duden wird die Schreibweise „vor **K**urzem" empfohlen.

Fehler gesamt ca. 160 Wörter	0 – 2	3 – 5	6 – 8	9 – 11	12 – 15	ab 16
Note	1	2	3	4	5	6

Gilt für die drei letzten Diktate!

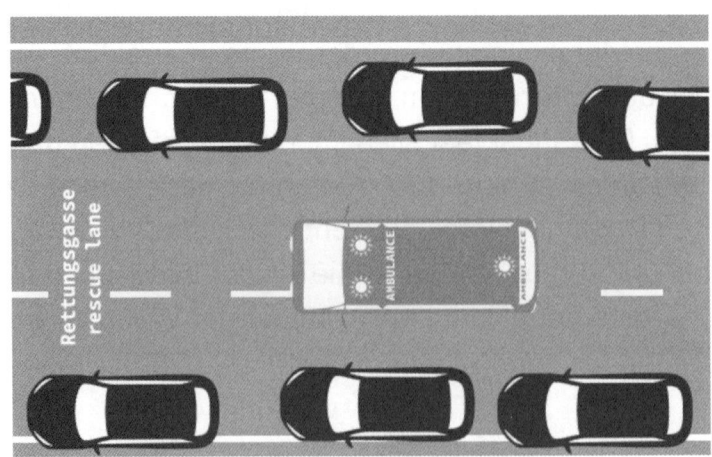

3.2.15 Quälerei in deutschen Klassenzimmern

G6 / R7 / M78

Es ist nichts **Neues**, da**ss** Schüler von ihren Lehrern immer wieder mit Diktaten ge**quä**lt werden. Das **G**emeine daran ist, da**ss** extra schwierige Wörter in die Texte eingebaut werden. Die Lehrer tragen ihren Text langsam und betont mit einem Grinsen im Gesicht vor, während zahlreiche Schüler vor Angst und Nervosität Schweißperlen auf der Stirn aufweisen.

Aber je**tzt** gibt es echte Hilfe durch Marco Zuckerberg. Laut der Lügenpre**ss**e „Ente" hat er sich vorgeno**mm**en der **Qu**älerei in Deutschlands Kla**ss**enzimmern ein Ende zu se**tz**en und deshalb ein neues Hilfsmittel erscha**ff**en.

Das **E**rlernen langweiliger Rechtschreibregeln und mü**h**sames **A**uswendiglernen von Fremdwörtern sind mit diesem Hilfsmittel **obsolet**. Der **L**ernende mu**ss** lediglich dieses magische Werkzeug abends unter sein Kopfki**ss**en legen und mindestens **acht** Stunden schlafen. Bei Einhaltung dieser Vorgabe, ke**nn**en die Schüler sich bereits nach einer Nacht bestens in der Rechtschreibung aus.

Laut Herausgeber ste**hen** weitere Hilfsmittel für die Fächer Englisch, Französisch, **G**eschichte und **G**eogra**ph**ie kurz **v**or der Auslieferung. **V**erzögerungen gibt es bei den naturwi**ss**enschaftlichen Fächern, aber der Herste**ll**er arbeitet bereits auf Hocht**ou**ren.

Der neue Ratgeber namens „**F**ehlerfrei" für das Fach Deutsch, ist ab sofort im **H**andel erhältlich.

Ich bin mir im **K**laren darüber, da**ss** es sich hier leider um eine Zeitungsente handelt.

(195 Wörter)

Merke: „… namens „Fehlerfrei"…" → Fehlerfrei wird in diesem Fall groß geschrieben, da es ein Eigenname ist. Normalerweise handelt es sich bei „fehlerfrei" um ein Adjektiv und wird klein geschrieben.

Eine **Zeitungsente** ist eine falsche Zeitungsmeldung.

Fehler gesamt ca. 200 Wörter	0 – 3	4 – 7	8 – 11	12 – 15	16 – 19	ab 20
Note	1	2	3	4	5	6

3.2.16 Große Wünsche

G6 / R67 / M78 → Schwerpunkt: s/ss/ß

Francos größter Wunsch war ein riesengroßes Poster seines Lieblingsfußballstars in Lebensgröße.

Sein bester Freund Massimo hatte diesen Klassiker. Dass das Bild sehr teuer war, war ihm bewusst, dass es aber einhundert Euro kosten sollte, konnte er nicht fassen.

Als er abends mit seinen Eltern beim Abendessen saß und in seinem Essen rumstocherte, während diese genüsslich ihr Mahl verspeisten, fragte er vorsichtig: „Ihr wisst doch, dass ich schrecklich gerne das große Poster von Messi hätte, das wir kürzlich im Schaufenster gesehen haben."

„Wer ist Messi?", fragte Mama. Papa und er sahen sich fassungslos an und antworteten wie aus einem Mund: „Der größte Fußballspieler aller Zeiten!"

Mama rief: „Spaß! Selbstverständlich weiß ich, wer Messi ist!"

Seine Eltern forderten, dass er erstmal sein Essen isst, bevor sie weiter diskutieren wollten. Franco aß nicht seine Mahlzeit, sondern fing an zu fressen wie ein Tier, um möglichst schnell fertig zu werden.

Anschließend waren seine ersten Worte: „Bitte Mama!" Sie antwortete: „Lass uns ein bisschen Zeit zum Nachdenken." Franco ging maßlos enttäuscht in sein Zimmer.

Zwölf Tage später ging sein größter Wunsch in Erfüllung. Auf seinem Geburtstagstisch lag neben zahlreichen Kleinigkeiten ein Poster.   (189 Wörter)

3.2.17 Jahreszeiten

G56 / R67 / M67

Im März wird der Winter verabschiedet und das Frühjahr eingeläutet. Die Tage werden länger und wärmer, die Pflanzen fangen an zu blühen. Es ist morgens nicht mehr so dunkel, wenn ich zur Schule gehe. Am letzten Märzwochenende wird die Sommerzeit eingeführt. Das heißt, alle Uhren werden um zwei Uhr morgens auf drei Uhr gestellt. Nun ist es am Morgen wieder dunkler, dafür ist es abends länger hell.

Die Sommersonnenwende findet am 21. Juni statt und leitet den Sommer ein. Dies ist bei uns der längste Tag und die kürzeste Nacht.

Der Sommer ist die wärmste Jahreszeit, dennoch werden von nun an die Tage wieder kürzer.

Ende September verabschiedet sich der Sommer um den Herbst willkommen zu heißen. Von nun an ist es abends früher dunkel und die Nächte werden länger und kühler. Die Laubbäume bieten uns ein wunderbares Farbspiel, Obstbäume schenken uns ihre Früchte. Während die Tage kälter und stürmischer werden, ziehen die ersten Vögel gen Süden.

Kurz vor Weihnachten beginnt offiziell am 21. Dezember der Winter.

Jedes Jahr hoffen die Menschen auf weiße Weihnachten. Statistisch gab es in den letzten fünfzig Jahren in München circa zwanzigmal ein weißes Fest.   (190 Wörter)

Merke: circa oder zirka → beide Schreibweisen sind möglich, Duden empfiehlt: circa (ca.)

3.2.18 Besuch bei Außerirdischen

G6 / R67 / M67

Eines Tages landete Benny mit seinem nagelneuen, weißen Raumschiff auf einem neuen Stern. Er stieg vorsichtig aus seiner Kapsel und betrat roten Boden. Die Bewohner des unbekannten Sterns sahen völlig anders aus. Kleine, grüne Figuren mit einem langgezogenen, ovalen Kopf liefen geschäftig umher und summten vor sich hin.

Benny kam aus dem Staunen nicht mehr raus. All das Unbekannte versetzte ihn in Begeisterung. Plötzlich blieben alle stehen und verstummten. Benny sah umher, um zu erkennen, was die Außerirdischen dazu bewogen hatte zu verstummen. Er konnte nichts erkennen, doch schließlich bemerkte er, dass er es war, der die Aufmerksamkeit Aller auf sich zog. Er fühlte Unbehagen in sich aufsteigen und überlegte was er tun konnte, alle schienen auf ihn zuzulaufen. Schließlich zog er etwas Süßes aus der Tasche und rief: „Süßigkeiten für alle!"

Das ganze Volk der Außerirdischen fing an zu lachen. Das Lachen war so ansteckend, dass auch Benny sich das Lachen nicht verkneifen konnte.

Benny teilte all die süßen Leckereien mit seinen neuen Freunden, um dann wieder in sein Raumschiff gen Heimat zu steigen. Im Spiegel konnte er seine Freunde auf dem glänzenden Rot des Bodens sehen und er freute sich schon auf seine Wiederkehr.

(200 Wörter)

Fehler gesamt ca. 200 Wörter	0 – 3	4 – 7	8 – 11	12 – 15	16 – 19	ab 20
Note	1	2	3	4	5	6

3.2.19 Hohe Ziele

G6 / R7 / M7

An einem langweiligen Tag entschieden die Kröten am Weiher, ein Wettrennen zu veranstalten.

Damit der Tag ein wenig Pep bekam, sollte es nicht nur ein einfaches **Rennen** werden, sondern man hatte sich ein hohes Ziel gesteckt: Jeder Teilnehmer musste die Spitze eines hohen Turms erklimmen.

Viele Kröten und Frösche, Enten und Schwäne versammelten sich bereits, bevor das Rennen begann, denn alle waren neugierig, wer wohl das Rennen machen würde.

Die zahlreichen Zuschauer beobachteten, wie eine Kröte nach der anderen am Turm scheiterte. Schon bald glaubte niemand mehr an einen wahren Sieger.

Der Turm schien zu steil, als dass auch nur eine einzige Kröte es bis hinaufschaffen konnte. Das Publikum schimpfte lauthals, da sie nur Verlierer sahen. Gestresst durch die Unkenrufe, gab eine Kröte nach der anderen auf. Die Stimmung wurde von Minute zu Minute mieser.

Nur eine etwas klein geratene, zierliche Kröte ließ sich nicht beirren. Beharrlich erklomm sie den Turm ohne jegliche Notiz von den Buhrufen der Zuschauer zu nehmen.

Plötzlich wurde es ganz still, alle sahen zu der einzigen Kröte auf, die kurz davor war, die Spitze des Turms zu erreichen. Als sie oben war, fingen alle an zu klatschen und zu jubeln, aber auch dies beeindruckte den kleinen Quäker nicht.

Wieder unten angekommen, stürmten alle auf den klaren Sieger ein und fragten, wie er diese unvorstellbare Leistung erbringen konnte. Aber die Kröte blieb stumm wie ein Fisch. Sie hatte einfach Nichts verstanden, denn sie war taub! Niemand hatte sie aus der Ruhe bringen können, weshalb sie auch fern jeden Zweifels an sich war und nur versuchte ihr Ziel zu erreichen.

(266 Wörter)

Fehler gesamt ca. 260 Wörter	0 – 5	6 – 10	11 – 15	16 – 20	21 – 26	ab 27
Note	1	2	3	4	5	6

3.3 Rechtschreibübungen

3.3.1 „dass" oder „das"

Übung 1: Setze richtig ein

Es ist wichtig, _____ du _____ verstehst!

Du hattest großes Glück, _____ dir nichts passiert ist.

_____ _____ Unwetter solche Ausmaße annahm, konnte keiner vor-aus-sehen.

Das Flüchtlingskind, _____ gestern neu in unsere Klasse kam, war sehr hübsch.

Ich bin viel zu schüchtern, als _____ ich _____ Mädchen angesprochen hätte.

Mein bester Freund wohnt in einem Haus, _____ sehr groß ist.

_____ _____ Haus groß ist, nimmt er gar nicht wahr.

Es ist kein Wunder, _____ du heute müde bist, wenn du gestern noch _____ Fußballspiel angesehen hast.

_____ Kind, _____ _____ Rennen gewann, war klein und schmäch-tig.

_____ _____ alles Unsinn war, war mir von Anfang an klar.

Ich freue mich, _____ es heute schneit.

Ich bin sicher, _____ ich besser schwimme als du.

Das Auto, _____ vor unserem Haus steht, ist _____ Fahrzeug unserer Nachbarn.

Ich bedauere, _____ du _____ nicht verstehst.

Hörst du _____ Baby, _____ weint?

Ich kann _____ Weinen nicht vernehmen.

Was war _____ denn?

_____ ist _____ Auto, _____ der Unfallverursacher fuhr.

_____ _____ nicht stimmt, liegt doch auf der Hand.

Hast du _____ von Magnus schon gehört?

_____ ist die Frau, die immer meckert.

Übung 2: Hier kannst du dieselbe Übung noch mal machen, aber ersetze in diesem Fall, „das" wo immer es möglich ist durch die passende Form von „**diese, jene, oder welche**". Anschließend kannst du dein Ergebnis von der Seite zuvor nochmals selber überprüfen, bevor du es mit der Lösung vergleichst.

Es ist wichtig, _____ du _____ verstehst!

Du hattest großes Glück, _____ dir nichts passiert ist.

_____ _____ Unwetter solche Ausmaße annahm, konnte keiner vor-aus-sehen.

Das Flüchtlingskind, _____ gestern neu in unsere Klasse kam, war sehr hübsch.

Ich bin viel zu schüchtern, als _____ ich _____ Mädchen angesprochen hätte.

Mein bester Freund wohnt in einem Haus, _____ sehr groß ist.

_____ _____ Haus groß ist, nimmt er gar nicht wahr.

Es ist kein Wunder, _____ du heute müde bist, wenn du gestern noch _____ Fußballspiel angesehen hast.

_____ Kind, _____ _____ Rennen gewann, war klein und schmäch-tig.

_____ _____ alles Unsinn war, war mir von Anfang an klar.

Ich freue mich, _____ es heute schneit.

Ich bin sicher, _____ ich besser schwimme als du.

Das Auto, _____ vor unserem Haus steht, ist _____ Fahrzeug unserer Nachbarn.

Ich bedauere, _____ du _____ nicht verstehst.

Hörst du _____ Baby, _____ weint?

Ich kann _____ Weinen nicht vernehmen.

Was war _____ denn?

_____ ist _____ Auto, _____ der Unfallverursacher fuhr.

_____ _____ nicht stimmt, liegt doch auf der Hand.

Hast du _____ von Magnus schon gehört?

_____ ist die Frau, die immer meckert.

Lösung:

Lösung: das oder dass

Übung 1:

Es ist wichtig, **dass** du **das** verstehst!

Du hattest großes Glück, **dass** dir nichts passiert ist.

Dass das Unwetter solche Ausmaße annahm, konnte keiner voraussehen.

Das Flüchtlingskind, **das** gestern neu in unsere Klasse kam, war sehr hübsch.

Ich bin viel zu schüchtern, als **dass** ich **das** Mädchen angesprochen hätte.

Es ist kein Wunder, **dass** du heute müde bist, wenn du gestern noch **das** Fußballspiel angesehen hast.

Das Kind, **das das** Rennen gewann, war klein und schmächtig.

Dass das alles Unsinn war, war mir von Anfang an klar.

Ich freue mich, **dass** es heute schneit.

Ich bin sicher, **dass** ich besser schwimme als du.

Das Auto, **das** vor unserem Haus steht, ist **das** Fahrzeug unserer Nachbarn.

Ich bedauere, **dass** du **das** nicht verstehst.

Hörst du **das** Baby, **das** weint?

Ich kann **das** Weinen nicht vernehmen.

Was war **das** denn?

Mein bester Freund wohnt in einem Haus, **das** sehr groß ist.

Dass das Haus groß ist, nimmt er gar nicht wahr.

Das ist **das** Auto, **das** der Unfallverursacher fuhr.

Dass das nicht stimmt, liegt doch auf der Hand.

Hast du **das** von Magnus schon gehört?

Das ist die Frau, die immer meckert.

Übung 2:

Es ist wichtig, **dass** du **dies** verstehst!

Du hattest großes Glück, **dass** dir nichts passiert ist.

Dass dieses Unwetter solche Ausmaße annahm, konnte keiner voraussehen.

Das Flüchtlingskind, **welches** gestern neu in unsere Klasse kam, war sehr hübsch.

Ich bin viel zu schüchtern, als **dass** ich **dieses** Mädchen angesprochen hätte.

Es ist kein Wunder, **dass** du heute müde bist, wenn du gestern noch **dieses** Fußballspiel angesehen hast.

Jenes Kind, **welches dieses** Rennen gewann, war klein und schmächtig.

Dass dies alles Unsinn war, war mir von Anfang an klar.

Ich freue mich, **dass** es heute schneit.

Ich bin sicher, **dass** ich besser schwimme als du.

Das Auto, **welches** vor unserem Haus steht, ist **das** Fahrzeug unserer Nachbarn.

Ich bedauere, **dass dies** du nicht verstehst.

Hörst du **jenes** Baby, **welches** weint?

Ich kann **dieses** Weinen nicht vernehmen.

Was war **dies** denn?

Mein bester Freund wohnt in einem Haus, **welches** sehr groß ist.

Dass dieses Haus groß ist, nimmt er gar nicht wahr.

Dies ist **jenes** Auto, **welches** der Unfallverursacher fuhr.

Dass dies nicht stimmt, liegt doch auf der Hand.

Hast du **dies** von Magnus schon gehört?

Dies ist die Frau, die immer meckert.

3.3.2 Übung zu Dehnung, Schärfung und „s"-Lauten

Thema: Diktat: Dehnung, Schärfung und „s"-Laute

Übung 1 – Diktat: G5/R56/M56

Familiennachmittag

Sonntagnachmittag fuhren wir zu Tante Annette und Onkel Horst. Er ist schlank und groß. Sie ist klein und schrecklich dick aber sehr nett. Ich hab sie lieb, nicht nur weil sie zur Familie gehört. Annette ist Polizistin und Horst ist Förster.
„Heute möchte ich dich um deine Hilfe bitten", sagte meine Tante. „Kannst du mir beim Aufdecken helfen? Die Gäste sind gleich zum Essen da."
Selbstverständlich deckte ich den Tisch mit dem guten Geschirr, stellte die Blumen auf den Tisch und rückte die Stühle zu Recht.
Während meine Tante kochte, kam ihr kleiner, fetter Dackel ins Wohnzimmer und knurrte mich an. Er hatte Hunger. Ich ging in die Küche und fragte was der Hund denn haben darf. Annette zeigte auf seinen Fressnapf und sein Futter. Ich füllte den Napf und gab dem Tier sein Fressen. In wenigen Sekunden war der Napf leer und der Dackel schaute mich mit hungrigen Kulleraugen an.
„Nein, du bekommst nichts mehr!", schimpfte die Tante. „Der würde uns noch die Haare vom Kopf fressen, wenn wir immer nachgeben würden. Das soll nicht zur Gewohnheit werden." Ich nickte bloß und dachte mir: „Wie wahr!"
Kurze Zeit später saß die ganze Familie Schlotterstein am hübsch gedeckten Tisch und fiel über das duftende Mahl her. Kochen konnte Tante Annette wahrhaftig einzigartig.

(215 Wörter)

Fehler gesamt ca. 220 Wörter	0 – 4	5 – 9	10 – 14	15 – 20	21 – 26	ab 27
Note	1	2	3	4	5	6

Fehlertabelle für Lückentext auf der nächsten Seite:

Fehler gesamt	0 – 3	4 – 6	7 – 9	10 – 14	15 – 20	ab 21
Note	1	2	3	4	5	6

Übung 2 – Lückentext diktieren (weniger zeitintensiv als das ganze Diktat)

_____ _____ wir zu Tante

_____ und Onkel Horst. Er ist schlank und

_____ _____. Sie ist klein und

_____ _____ aber furchtbar

_____. Ich hab sie _____, nicht nur weil

sie zur _____ gehört. Annette ist _____

und Horst ist _____. „Heute möchte ich dich um deine

_____ _____", sagte meine Tante.

„Kannst du mir beim _____ helfen? Die Gäste sind gleich zum

_____ da." Selbstverständlich deckte ich den Tisch mit dem gu-

ten _____, stellte die Blumen auf den Tisch und

die _____ zu

_____.

_____ meine Tante kochte, kam ihr kleiner,

_____ _____ ins

_____ und _____ mich an. Er hatte Hun-

ger. Ich ging in die Küche und fragte was der Hund denn haben darf. Annette zeigte

auf seinen _____ und sein _____. Ich

_____ den Napf und gab dem Tier sein

_____. In wenigen Sekunden war der Napf

_____ und der Dackel schaute mich mit hungrigen

_____ an.

„Nein, du bekommst nichts mehr!", _____ die Tante. „Der würde

uns noch die _____ vom Kopf _____,

wenn wir immer nachgeben würden. Das soll nicht zu _____

werden." Ich nickte _____ und dachte mir: „Wie

_____ das _____!"

Kurze Zeit später _____ die ganze

_____ _____ am

_____ _____ Tisch und

_____ über das duftende _____ her. Ko-

chen konnte Tante Annette _____ einzigartig.

3.3.3 Groß- und Kleinschreibung

Diese Texte kannst du alleine zur Übung der Groß- und Kleinschreibung verwenden oder dir auch jederzeit als Diktat diktieren lassen.

Übung 1: Schreibe den Text in korrekter Schreibweise ab.

IM ALLGEMEINEN SIND DIE SCHÜLER DIENSTAGS HANDSAMER ALS MONTAGS.
AM FREITAG LÄSST DIE KONZENTRATION AUCH SCHON WIEDER NACH.
ICH BIN MORGENS IMMER AUSGESCHLAFEN, MEIN BRUDER IST AM MORGEN ABER KAUM ZU ERTRAGEN. DAS WICHTIGSTE IST, DASS ER SO SPÄT NICHT MEHR VIEL ISST. IRGENDWANN FIEL IHM AUF, DASS ZU VIEL ESSEN IHM NICHT BEKOMMT UND SEIN SCHLAF DARUNTER LEIDET.
ES IST BEKANNT DAS SÜßES KURZFRISTIG DEN BLUTZUCKERSPIEGEL ANSTEIGEN LÄSST.
ICH MUSS NICHT IMMER EINE EINS SCHREIBEN, ABER EINE VIER MUSS ES AUCH NICHT DAUERND SEIN.
MIT REGELMÄßIGEM GEDÄCHTNISTRAINING KANN ICH MEINE KONZENTRATION LANGFRISTIG VERBESSERN.
HEUTE NACHMITTAG GEHEN WIR ZUM SCHWIMMEN. ALLES ANDERE IST DANN NICHT MEHR WICHTIG.
DIE ANDEREN KINDER GEHEN LIEBER ZUM FUßBALLSPIELEN.
DAS ROTE TRIKOT IST MIR DAS LIEBSTE, ABER DAS ROT MEINER TURNSCHUHE PASST NICHT DAZU.
ICH WÜNSCHE DIR ALLES GUTE UND LIEBE ZUM GEBURTSTAG.   (138 Wörter)

Übung 2: Lückentext diktieren (die schwierigen Wörter werden abgefragt)

Im _____ sind die Schüler _____ hand-

samer als _____.

Am _____ lässt die _____ auch schon

wieder nach.

Ich bin _____ immer ausgeschlafen, mein Bruder ist am

_____ aber kaum zu _____. Das

_____ ist, _____ er so spät nicht zu

_____ _____. Irgendwann

_____ ihm auf, _____ zu

_____ _____ ihm nicht bekommt und

sein _____ darunter leidet.

Es ist bekannt das _____ kurzfristig den

_____ ansteigen lässt.

Ich muss nicht immer eine _____ schreiben, aber eine

_____ muss es auch nicht dauernd sein.

Mit _____ _____ kann ich meine

_____ langfristig verbessern.

Heute _____ gehen wir zum _____.

Alles _____ ist dann nicht mehr _____.

Die anderen Kinder gehen lieber zum _____. Das

_____ _____ ist mir das

_____ aber das _____ meiner

_____ _____ nicht dazu.

Ich wünsche dir alles _____ und _____

zum Geburtstag.

(37 Lücken)

Fehler gesamt	0 – 3	4 – 6	7 – 9	10 – 14	15 – 20	ab 21
Note	1	2	3	4	5	6

Lösung:

Im Allgemeinen sind die Schüler, **d**ienstags handsamer als montags.
Am Freitag lässt die **K**onzentration auch schon wieder nach.
Ich bin **m**orgens immer ausgeschlafen, mein Bruder ist am **M**orgen aber kaum zu ertragen. Das
Wichtigste ist, **dass** er so spät zu **viel isst**. Irgendwann fiel **ihm** auf, **dass** zu viel **E**ssen ihm
nicht bekommt und sein **S**chlaf darunter leidet.
Es ist bekannt, **dass** S**ü**ß**es** kurzfristig den Blut**z**uckers**p**iegel ansteigen **lässt**.
Ich muss nicht immer eine **E**ins schreiben, aber eine **V**ier muss es auch nicht dauernd sein.
Mit regelm**äß**igem Gedächtnis**t**raining kann ich meine Konzentration langfristig verbe**ss**ern.
Heute **N**achmittag gehen wir zum **S**chwimmen. Alles andere ist dann nicht mehr wichti**g**.
Die anderen Kinder gehen lieber zum Fußballspielen. Das rote **T**ri**k**o**t** ist mir das **liebste**, aber das
Rot meiner **T**urnschuhe **passt** nicht dazu.
Ich wünsche dir alles **G**ute und Liebe zum Ge**b**u**rt**s**t**ag.

Übung 2:

DAS JUNGE TALENT

EIN AUFGEWECKTER JUNGE BEWIRBT SICH BEI EINEM ÄUßERST BEKANNTEN KLAVIERSPIELER, DA ER DIE EWIGEN FINGERÜBUNGEN SATT HAT.
ER MÖCHTE MAL EIN GROßARTIGER PIANIST WERDEN.
BEI SEINER VORSTELLUNG BEI EINEM HONORIGEN PROFESSOR GERÄT DER JUNGE INS SCHWITZEN.
BEIM BETRETEN DES SAALS, ZU SEINEM ERSTEN VORSPIEL, KOMMT ER INS STOLPERN, KANN EIN HINFALLEN ABER NOCH VERHINDERN.
FÜR SEIN VORSPIEL HAT DER FLEIßIGE WOCHENLANG TÄGLICH GEÜBT.
SEIN FLEIß HAT SICH AUSGEZAHLT. DER PROFESSOR BESTÄTIGT DEM FLEI-ßIGEN SCHÜLER EIN GROßES TALENT UND PROPHEZEIT IHM EINE GROßAR-TIGE KARRIERE.
DER KLAVIERPROFESSOR MÖCHTE SEINEN ZÖGLING VON NUN AN NICHT NUR SAMSTAGS SEHEN SONDERN AUCH JEDEN FREITAG.
BEIM DAVONGEHEN DREHT SICH DER JUNGE NOCHMALS UM UND MEINTE: „ICH WEIß NOCH ETWAS VIEL BESSERES. SIE KÖNNTEN FREITAGS ZU UNS NACH HAUSE KOMMEN UND ANSCHLIEßEND MIT UNS ZU ABEND ESSEN.
BEIM ABENDESSEN KÖNNEN SIE UNSERE FAMILIE BESSER KENNENLERNEN."
ZUM ABSCHIED ZWINKERTE ER SEINEM NEUEN MEISTER ZU UND VERLIEß LÄ-CHELND DEN SAAL.
(154 WÖRTER)

Übung 2: Lückentext

(Falls mal nicht so viel Zeit ist, werden hier nur die schwierigen Wörter abgefragt!)

Das _____ Talent

Ein aufgeweckter _____ bewirbt sich bei einem äußerst bekannten

_____ da er die ewigen _____ satt hat.

Er möchte mal ein _____ _____ werden.

Bei seiner _____ bei einem honorigen Professor gerät der

_____ ins _____ .

Beim _____ des _____ , zu seinem

_____ _____ , kommt er ins

_____ , kann ein _____ aber noch verhindern.

Für sein Vorspiel hat der _____ wochenlang täglich geübt.

Sein _____ hat sich ausgezahlt. Der Professor bestätigt dem

_____ Schüler ein _____ Talent und

_____ ihm eine großartige Karriere.

Der Klavierprofessor möchte seinen _____ von nun an nicht nur

_____ sehen, sondern auch jeden _____ .

Beim _____ dreht sich der _____

_____ um und meinte: „Ich _____ noch etwas

_____ _____ . Sie könnten _____

zu uns nach Hause kommen und anschließend mit uns zu _____

_____ .

Beim _____ können Sie unsere _____ besser

kennenlernen."

Zum _____ zwinkerte er seinem neuen _____
zu und _____ _____ den _____ .

(40 Lücken)

Fehler gesamt	0 – 3	4 – 6	7 – 9	10 – 14	15 – 20	ab 21
Note	1	2	3	4	5	6

LÖSUNG:

Das junge Talent

Ein aufgeweckter Junge bewirbt sich bei einem **äußerst** bekannten Klavierspieler, da er die ewigen Fingerübungen **satt** hat.

Er möchte ein großartiger **Pianist** werden.

Bei seiner **Vorstellung** bei einem honorigen Profe**ss**or gerät der Junge ins Schwitzen.

Beim **Betreten** des Saals, zu seinem ersten **Vorspiel**, kommt er ins **Stolpern**, kann ein **Hinfallen** aber noch verhindern.

Für sein **Vorspiel** hat der Flei**ß**ige wochenlang **tä**glich geübt.

Sein Flei**ß** hat sich ausgezahlt. Der Professor be**stä**tigt dem fleißigen **S**chüler ein gro**ß**es Talent und pro**ph**ezeit ihm eine einzi**g**artige Karriere.

Der Klavierprofe**ss**or möchte seinen **Z**ögling von nun an nicht nur sam**s**tags sehen sondern auch jeden Freitag.

Beim **D**avongehen drehte sich der Junge nochmals um und meinte: „Ich wei**ß** noch etwas viel Besseres. Sie könnten **f**reitags zu uns nach **H**ause kommen und anschlie**ß**end mit uns zu Abend essen.

Beim **A**bendessen können Sie unsere Familie be**ss**er kennenlernen."

Zum Abschied **zwinkerte** er seinem neuen Meister zu und verlie**ß** lächelnd den **Saal.**

4. Zeichensetzung

Neben der Rechtschreibung sind auch Zeichensetzung und korrekte Grammatik sehr wichtig, um eine gute Note im Aufsatz zu erzielen. Damit sich die Kommaregeln bei dir festigen, möchten wir diese kurz wiederholen.

4.1 Kommaregeln im Überblick

4.1.1 Das Komma bei Aufzählungen

Bei Aufzählungen trennt das Komma die einzelnen Glieder einer Aufzählung voneinander.

Beispiele: Zu Nikolaus gibt es Äpfel, Nüsse, Süßes und ein kleines Geschenk.
In der Schule lerne ich Mathe, Deutsch, Englisch und Latein.

4.1.2 Das Komma beim Infinitiv

Beim Infinitiv <u>steht ein Komma</u>, wenn folgende <u>hinweisende Wörter</u> stehen:

das, dies, daran, darum, darauf

oder ein <u>Substantiv auf eine Infinitivgruppe hinweist</u>:

Beispiele: Ich habe Angst**,** *daran zu denken*!
Es ist schön**,** *das neue Auto zu fahren*.

Das Komma ist <u>freigestellt</u>, wenn es sich um einen einfachen Infinitiv handelt.
Beispiele: Denke daran(,) zu kommen.
Ich habe Angst(,) zu versagen.

Merke: Wenn du beim Infinitiv immer ein Komma setzt, machst du keinen Fehler.

4.1.3 Das Komma zwischen Hauptsätzen

Das Komma trennt mehrere Hauptsätze, die ohne Konjunktion aneinandergereiht sind, voneinander ab.

Beispiel:

In den Faschingsferien fahren wir zum Skilaufen**,** an Ostern geht's nach Österreich, an Pfingsten fahren wir an den Gardasee und in den Sommerferien fliegen wir in die Türkei.

Das Komma trennt vollständige, mit bestimmten Konjunktionen verbundene Hauptsätze voneinander (doch, aber, denn, …).

Beispiele:

Die Kinder spielen auf dem Dachboden**,** doch die Mutter ist nicht begeistert.

Paul möchte mit Julius ins Kino gehen, aber Linus ist noch nicht da.

Mit **und** bzw. **oder** verbundene Hauptsätze <u>**können**</u> durch ein Komma getrennt wer-den, <u>**müssen aber nicht**</u>!

4.1.4 Das Komma zwischen Haupt- und Nebensätzen

Das Komma trennt einen Hauptsatz von einem Nebensatz. Der Nebensatz kann dem Hauptsatz vorangestellt sein, ihm folgen oder in diesen eingeschoben werden.

<u>Beispiele:</u> Die Hauptsätze sind **fett** gedruckt, die Nebensätze *kursiv*.

➢ **Die Kinder können nicht draußen spielen**, *weil es regnet.*

➢ *Weil es regnet,* **können die Kinder nicht draußen spielen.**

➢ **Die Blumen**, *die Papa mir zum Geburtstag mitgebracht hat*, **gehören in die Vase.**

4.2 Zeichensetzung bei der wörtlichen Rede

Du musst die Zeichen bei der wörtlichen Rede folgendermaßen setzen:

> „Erzählsatz", Begleitsatz.
>
> „Fragesatz?", Begleitsatz.
>
> „Ausrufesatz!", Begleitsatz.

<u>**Merke**</u>: Der Punkt wird beim Erzählsatz in der wörtlichen Rede <u>weggelassen, wenn ein Begleitsatz folgt!</u>

➢ Die wörtliche Rede wird durch **Anführungszeichen unten („)** eingeleitet. Beendet wird die wörtliche Rede durch **Anführungszeichen oben (")**.
Beispiel: „Mama, darf ich heute ins Kino gehen?"

➢ Wird die wörtliche Rede durch einen Einführungssatz eingeleitet, so steht ein Doppelpunkt davor.
Beispiel: Paul fragt höflich**:** „Mama, darf ich heute ins Kino gehen?"

➢ Hat die wörtliche Rede einen **nachgestellten Begleitsatz**, so steht nach der wörtlichen Rede ein **Komma** und dann folgt der Begleitsatz.
Beispiel: „Mama, darf ich heute ins Kino gehen?"**,** fragt Paul freundlich.

➢ Wird der **Begleitsatz zwischen** die wörtliche Rede **geschoben**, so wird dieser **durch Kommas außerhalb der Anführungszeichen getrennt**.
Beispiel: „Mama!"**,** ruft Paul**,** „darf ich heute ins Kino gehen?"

5. Tipps zum Aufsatz

Es ist kein Hexenwerk gute Aufsätze zu schreiben. Jede Aufsatzform hat bestimmte Merkmale und folgt gewissen Regeln und wenn du dich daranhältst, ist es nicht schwer ein gutes Ergebnis zu erreichen.

In diesem Buch möchten wir dir das Thema Aufsatz anhand zahlreicher, positiver Beispiele nahebringen. Zunächst geben wir dir einige allgemeine Tipps zum Schreiben und bei jeder Aufsatzform erklären wir dir die dazugehörigen Regeln und stellen dir mehrere Beispielaufsätze vor. Zu jedem Thema solltest du einen eigenen Aufsatz schreiben. Hierbei wäre es sinnvoll, erst den Aufsatz zu schreiben und anschließend den Beispielaufsatz zu lesen, um anschließend die Unterschiede herauszuarbeiten.

Einige Schritte, die du beim Aufsatzschreiben beachten solltest.

Ein Aufsatz wird grundsätzlich in drei Abschnitte geteilt – Einleitung, Hauptteil, Schluss – wobei Einleitung und Schluss ungefähr ein Drittel des gesamten Aufsatzes einnehmen sollten und der Hauptteil circa zwei Drittel.

Die Abschnitte sollten durch einen Absatz auch optisch getrennt werden.

Die wichtigsten sieben Schritte - die W-Fragen:

> wer, wann, wo, was, wie, warum, weshalb

1. Gib die **Zeit und den Ort** an, in der deine Geschichte spielt (wann/wo?).
2. Mache möglichst genaue Angaben, von wem deine Geschichte handelt (wer?).
3. Beim Höhepunkt geschieht etwas **Unerwartetes** (was?).
4. Beschreibe die **Folgen des Geschehens** möglichst genau und baue viel **wörtliche Rede**, **Gedanken** und **Gefühle** ein (warum?).
5. Was ist das **Ergebnis**?
6. Wie **endet** die Geschichte (Schluss)?
7. Finde eine **Überschrift**, die passend ist und neugierig macht.

5.1 Sprachliche Mittel

Achte unbedingt auf <u>unterschiedliche Satzanfänge</u>, <u>spannende und abwechslungsreiche Adjektive</u> und benutze unterschiedliche Wörter zu einem Wortfeld. Auf den folgenden Seiten findest du ein paar Sprachmittel, die dir helfen sollen deine Texte spannender und interessanter zu gestalten. Du solltest diese bei Haus- und Übungsaufsätzen stets zur Hilfe nehmen.

Eine abwechslungsreiche Sprache erzielst du, indem du sinnverwandte Wörter findest. Hierzu kannst du folgende Strategie anwenden:

1. Lies deinen Text durch, markiere mit einem Textmarker Wortwiederholungen.
2. Gehe den Text noch einmal durch und überlege dir zu den markierten Wörtern neue Wörter, die in den Kontext passen.

   Beispiele: Autofahrer → PKW-Fahrer, Schüler → Junge, ältere Frau → Rentnerin

Weitere Beispiele für verschiedene Wortfelder und Adjektive, Satzanfänge sowie zahlreiche Redewendungen findest du auf den nachfolgenden Seiten.

5.1.1 Satzanfänge

Bevor, Plötzlich, Trotzdem, Nun, Unterdessen, Während, Währenddessen, Dennoch, Auf einmal, Zuerst, Dann, Zunächst, Anfangs, Am Anfang, Vorher, Nachher, Sogleich, Im selben Moment, Darauf, Danach, Im Anschluss, Am Ende, Zum Schluss, Zuletzt, Anschließend, Abschließend, Eines Tages, Ausgerechnet in diesem Moment, Kurz darauf, Kurz zuvor, Kurz danach, Kürzlich, Inzwischen, Zufällig, Zur selben Zeit, Stunden später, Am Nachmittag, Am Abend, Am Morgen, Gestern, Schließlich, Endlich, Nachdem, Später, Nach einer Weile …

5.1.2 Wortfelder

Wortfeld sagen:

äußern, anreden, ansprechen, anbringen, absprechen, besprechen, befehlen, belehren, begründen, berichten, besprechen, brummen, erklären, erwähnen, erwidern, erläutern, entgegnen, erörtern, fragen, antworten, mitteilen, nennen, rufen, diskutieren, versprechen, informieren, tratschen, quengeln, piepsen, quieken, quaken, schreien, stottern, stammeln, schnattern, tadeln, unterbrechen, verraten, winseln, plappern, zugeben …

Es gibt noch sehr viele Wörter zum Wortfeld „**sagen**", versuche selber noch ein paar zu finden!

✎ _____

Wortfeld gehen:

rennen, flitzen, eilen, hüpfen, hasten, hetzen, huschen, jagen, sprinten, sausen, schleichen, trotten, stolpern, marschieren, waten, trödeln, stapfen, schreiten, schwanken, schlendern, verlaufen …

Versuche, dir auch zu dem Wortfeld „**gehen**" noch ein paar eigene Wörter auszudenken!

✎ _____

Wortfeld sehen:

anschauen, abschauen, zuschauen, erfassen, erkennen, erspähen, gucken, hingucken, weggucken, betrachten, bestaunen, klimpern, zwinkern, blicken, erblicken, hinblicken, zurückblicken, durchblicken, umsehen, zusehen, stieren, wahrnehmen …

Bestimmt fallen dir auch zu dem Wortfeld „**sehen**" noch ein paar eigene Wörter ein!

✎ _____

Wortfeld machen:

arbeiten, beenden, fabrizieren, erledigen, errichten, durchführen, erzeugen, erstellen, fertigen, handeln, herstellen, leisten, …ist stark vom Kontext abhängig ...

Überlege dir auch zu dem Wortfeld „**machen**" noch ein paar Wörter!

_____

5.1.3 Spannung erzeugen durch Adjektive

Adjektive sollten Sachen und Menschen näher beschreiben. Sie können die Dinge schöner oder hässlicher machen und immer beschreiben sie diese einfach etwas genauer.

Um einen Aufsatz spannend zu gestalten, solltest du stets versuchen abwechslungsreiche Ausdrücke zu verwenden. Hier findest du für verschiedene Aussagen unterschiedlichste Ausdrücke:

interessant sein: unterhaltsam, anregend, sehenswert, eindrucksvoll, abwechslungsreich, lehrreich, wissenswert;

uninteressant sein: langweilig, eintönig, einfallslos, ermüdend, einschläfernd, öde, farblos;

spannend sein: aufregend, fesselnd, packend, mitreißend, faszinierend, atemberaubend;

zufrieden sein: froh, munter, vergnügt, fröhlich, gut gelaunt, erfreut, wohlauf;

unzufrieden sein: schlecht gelaunt, bedrückt, niedergeschlagen, enttäuscht, verzagt, mürrisch, murrend, meckernd;

friedlich sein: gutmütig, verträglich, umgänglich, friedliebend, versöhnlich, gewaltlos, freundschaftlich;

glücklich sein: begeistert, überglücklich, jubelnd, jauchzend, wunschlos glücklich

lustig sein: witzig, spaßig, komisch, ausgelassen, kichernd;

vorsichtig: wachsam, aufmerksam, zaghaft, misstrauisch, skeptisch, zurückhaltend, behutsam, sorgfältig, schonend, sorgsam, sanft;

nicht schön aussehen: schäbig, hässlich, fürchterlich, grässlich, grauenhaft, heruntergekommen, verunstaltet, verwahrlost, ungepflegt, verschlissen, geschmacklos, widerlich, abstoßend, ekelhaft, unappetitlich, entsetzlich;

etwas schön ausführen: geschickt, fachkundig, ordentlich, gründlich, sorgfältig;

dumm sein: einfältig, ungebildet, unbegabt, unklug, unbelehrbar, uneinsichtig, unwissend, planlos, unüberlegt, leichtsinnig, unvorsichtig, kindisch, engstirnig;

wütend sein: zornig, wutentbrannt, jähzornig, tobend, brüllend;

klug sein: intelligent, gescheit, pfiffig, scharfsinnig, geistreich, blitzgescheit, aufgeweckt, begabt, gebildet, verstehen, begreifen, erkennen, durchschauen;

klug handeln: vernünftig, besonnen, vorsichtig, weitsichtig, durchdacht, planmäßig;

gefährlich sein: riskant, risikoreich, bedenklich, abenteuerlich, beunruhigend, bedrohlich, alarmierend, lebensgefährlich, halsbrecherisch, tödlich, bösartig, brutal, grausam, unmenschlich, heimtückisch, hinterhältig;

ungefährlich sein: gefahrlos, risikolos, unbedenklich, unschädlich, sicher, harmlos, gutmütig, offenherzig, friedlich, zahm, freundlich, ehrlich;

mutig sein: tapfer, unerschrocken, furchtlos, kühn, heldenhaft, todesmutig, risikofreudig;

verärgert sein: ärgerlich, schimpfen, nörgeln, meckern, gereizt, empört, verstimmt, beleidigt, eingeschnappt, sich über etwas aufregen, sich beklagen, sich beschweren;

groß sein: riesig, riesengroß, gigantisch, mächtig, unübersehbar, hoch, lang, breit, geräumig, umfangreich, enorm, berühmt, angesehen, wichtig, einflussreich, übermächtig, hervorragend, herausragend, überdurchschnittlich;

leise sein: still, ruhig, lautlos, geräuschlos, mucksmäuschenstill, totenstill, wortlos, stumm, flüsternd, schweigend, verstummend, kaum hörbar;

laut sein: lautstark, lärmend, geräuschvoll, brüllen, unüberhörbar, ohrenbetäubend, schreien, kreischen, dröhnen, poltern, donnern;

stark sein: kräftig, bärenstark, muskulös, fit, kerngesund, willensstark, ausdauernd, hartnäckig, standhaft;

kaputt sein: Es gibt unterschiedliche Bedeutungen von kaputt sein.

➢ erschöpft, müde, abgearbeitet, kraftlos, fertig;

➢ beschädigt, defekt, schadhaft, verwüstet, verunstaltet, entstellt, verstümmelt;

➢ vernichtet, tot, zerstört, unbrauchbar, zertrümmert;

➢ entzwei, zerbrochen, gebrochen, zersplittert;

➢ zerrissen, zerlumpt, zerfetzt, zerfressen;

➢ abgenutzt, abgegriffen, verschlissen, zerkratzt;

➢ vernachlässigt, verkommen, verwahrlost;

➢ zerfallen, eingefallen, verrostet, faul, morsch, wurmstichig, verrottet, verschimmelt, verdorben, verwittert, vermodert;

➢ fehlerhaft, lückenhaft, unvollständig, durchlöchert, löchrig, durchlässig, undicht;

➢ verbrannt, abgebrannt;

5.1.4 Gefühle ausdrücken

Über Gefühle kann man sprechen, Gefühle kann man zeigen, man kann Gefühle aber auch verbal ausdrücken. Hierdurch kann der Leser die Gefühle wahrnehmen. Es gibt Redewendungen, die zum Ausdruck bestimmter Gefühle verwendet werden.

Formulierungen für **„Mut haben"**:

➢ Ich nahm meinen ganzen Mut zusammen …

➢ Ich fasste mir ein Herz …

➢ Er ging das große Risiko ein …

➢ Sie sah der Gefahr ins Auge …

➢ Ich fürchtete weder Tod noch Teufel …

➢ Er riskierte Kopf und Kragen …

➢ Sie schreckte vor nichts zurück …

➢ Ich setzte alles auf eine Karte …

Formulierungen für **„Angst haben"**:

➢ Ich hatte ein mulmiges Gefühl in der Magengegend …

➢ Meine Knie zitterten/schlotterten …

➢ Er hielt vor Schreck den Atem an …

➢ Mir lief ein eiskalter Schauer über den Rücken …

➢ Ihm ist das Herz in die Hose gerutscht …

➢ Mir standen die Haare zu Berge …

➢ Sie bekam am ganzen Körper eine Gänsehaut …

➢ Ich blieb wie angewurzelt stehen …

➢ Oh Schreck, was war denn das?

Formulierungen für **„zufrieden sein"**:

☺… fühlte sich wohl in seiner Haut …

☺… hatte gute Laune …/ … war gut gelaunt …

☺… machte … Spaß …

Formulierungen für **„glücklich sein"**:

➤ Ich strahlte vor Glück …

➤ Ich machte vor Freude einen Luftsprung …

➤ Er stieß einen Freudenschrei aus …

➤ Sie schwebte im siebten Himmel …

➤ Freudentränen stiegen in meine Augen …

Formulierungen für **„fröhlich sein"**:

☺ Sie hielt sich den Bauch vor Lachen …

☺ Er lachte Tränen …

☺ Ich bekam einen Lachanfall …

☺ Er hätte sich totlachen können …

Formulierungen für **„frohe und glückliche Menschen"**:

👍 Glückspilz, Glückskind, Sonntagskind;

👍 Spaßvogel, Witzbold, Luftikus;

Formulierungen für **„dumm handeln"**:

➤ Ich beging eine große Dummheit …

➤ Er handelte ohne Sinn und Verstand …

➤ Sie war von Sinnen …

➤ Sie spielte verrückt …

➤ Sie verstieß gegen alle Regeln der Vernunft …

➤ Das Ganze hatte weder Hand noch Fuß …

Formulierungen für **„Pech haben"**:

➤ Ich war vom Pech verfolgt …

➤ Das Pech klebte an mir …

➤ Ich erlebte einen großen Schlamassel …

➤ Ich saß ziemlich in der Patsche …

➤ Eine schöne Bescherung …

➤ Ein schwerer Schicksalsschlag …

➤ Es war wie verhext, alles ging schief!

5.1.5 Redewendungen

Einen Bock schließen.	Einen schweren Fehler machen.
Sich ein/*kein* Bein ausreißen.	Sich große/*keine* Mühe geben.
Tina hat mal wieder klein beigegeben.	Tina hat mal wieder nachgegeben.
Sich ins Zeug legen.	Hart arbeiten / sich bemühen.
Jemandem den Kopf waschen.	Jemanden tadeln/schimpfen.
Sich die Hörner abstoßen.	Eigene Erfahrungen machen.
Jemandem auf den Leim gehen.	Von jemanden reingelegt werden.
Der Aufsatz war nicht das Gelbe vom Ei.	Der Aufsatz war nicht sehr gut.
Die Füße in die Hand nehmen.	Sich beeilen.
Jemanden auf die Schippe/den Arm nehmen.	Jemanden ärgern/necken.
Die Frau hat aber Haare auf den Zähnen.	Die Frau ist sehr unfreundlich.
Max hat plötzlich kalte Füße bekommen.	Max hat plötzlich Angst bekommen.
Der findet immer ein Haar in der Suppe.	Der ist immer unzufrieden und findet einen Grund zu meckern.

5.1.6 „Tierische" Redewendungen

- ➢ … schlau wie ein Fuchs …
- ➢ … Augen wie ein Adler …
- ➢ … Ohren wie ein Luchs ...
- ➢ … störrisch wie ein Esel …
- ➢ … scheu wie ein Reh …
- ➢ … zwei Fliegen mit einer Klappe schlagen …
- ➢ … stolz wie ein Pfau …
- ➢ … die Katze im Sack kaufen …
- ➢ … die Katze aus dem Sack lassen …
- ➢ ... keiner Fliege was zu Leide tun …
- ➢ … das pfeifen schon die Spatzen vom Dach …
- ➢ … aus einer Mücke einen Elefanten machen …
- ➢ … ein Wolf im Schafspelz …
- ➢ … falsch wie eine Schlange …
- ➢ … Schwein haben …
- ➢ … schnell wie ein Wiesel …
- ➢ … da lachen ja die Hühner …
- ➢ … mit jemandem ein Hühnchen rupfen …
- ➢ … ein blindes Huhn findet auch mal ein Korn …
- ➢ … blind wie ein Maulwurf …
- ➢ … einen Frosch im Hals haben …
- ➢ … stumm wie ein Fisch …
- ➢ … bekannt wie ein bunter Hund …
- ➢ … kein Hahn kräht mehr danach …
- ➢ … mit dir kann man Pferde stehlen …
- ➢ … hier sagen sich Fuchs und Hase „gute Nacht" …
- ➢ …seine Schäfchen im Trockenen haben …
- ➢ … ein schwarzes Schaf sein …
- ➢ … einen Kater haben …
- ➢ … die sind wie Hund und Katz …

Übung: Um welche „tierischen" Redewendungen handelt es sich?

1. Wohnt jemand recht abgeschieden, so wohnt er da, wo sich

   _____ „gute Nacht" sagen.

2. Einen besonders gerissenen Menschen bezeichnet man als …

   ✏ _____

3. Ist jemand besonders schüchtern, so bezeichnet man ihn als …

   ✏ _____

4. Bist du heiser und kannst kaum reden, dann hast du einen …

   ✏ _____

5. Wenn du dir finanziell keine Sorgen machen musst, dann hast du deine …

   ✏ _____

6. In der Familie baut meine Cousine immer nur Mist, sie ist …. der Familie.

   ✏ _____

7. Einen Menschen, der immer harmlos tut und wirkt, in Wirklichkeit aber eher Böses im Sinn hat, nennt man …

   ✏ _____

8. Gibt jemand endlich ein Geheimnis preis, so lässt er …

   ✏ _____

9. Wenn man auf einer Party zu viel getrunken hat, hat man am nächsten Tag …

   ✏ _____

10. Kaufst du etwas, ohne es vorher gesehen zu haben, so kaufst du …

   ✏ _____

11. Wenn du an einem Tag richtig Glück gehabt hast, dann hast du …

   ✏ _____

12. Wenn jemand sehr schlecht sieht, dann ist er blind wie …

✎ _____

13. Jemand, den jeder kennt, der ist bekannt, wie ein …

✎ _____

14. Einen Menschen, der kaum redet, bezeichnet man als …

✎ _____

15. Leute, die ständig streiten, sind wie …

✎ _____

16. Jemandem, der sehr gute Augen hat, sagt man nach, er hat Augen wie ein …

✎ _____

17. Jemand, der besonders gute Ohren hat, hört wie ein …

✎ _____

18. Jemand, der extrem flink ist, bezeichnet man als flink wie ein …

✎ _____

19. Ist etwas sehr lächerlich oder unglaubwürdig, so sagt man: 'Da …"

✎ _____

20. Kümmert eine Angelegenheit kaum mehr einen Menschen, dann …

✎ _____

Lösung

Lösung zur Übung: Tierische Redewendungen

1. Wohnt jemand recht abgeschieden, so wohnt er da, wo sich **Fuchs und Hase** "gute Nacht" sagen.

2. Einen besonders gerissenen Menschen bezeichnet man als einen **Fuchs oder einen alten Hasen**.

3. Ist jemand besonders schüchtern, so bezeichnet man ihn als **scheu wie ein Reh**.

4. Bist du heiser und kannst kaum reden, dann hast du einen **Frosch im Hals**.

5. Wenn du dir finanziell keine Sorgen machen musst, dann hast du deine **Schäfchen im Trockenen**.

6. In der Familie baut meine Cousine immer nur Mist, sie ist **das schwarze Schaf** der Familie.

7. Ein Mensch, der immer harmlos tut und wirkt, in Wirklichkeit aber mehr Böses im Sinn hat, nennt man **den Wolf im Schafspelz**.

8. Gibt jemand endlich ein Geheimnis preis, so lässt er ... **die Katze aus dem Sack**.

9. Wenn man auf einer Party zu viel getrunken hat, hat man am nächsten Tag **einen Kater**.

10. Kaufst du etwas, ohne es vorher gesehen zu haben, so kaufst du **die Katze im Sack**.

11. Wenn du an einem Tag richtig Glück gehabt hast, dann hast du **Schwein gehabt**.

12. Wenn jemand sehr schlecht sieht, dann ist er blind wie **ein Maulwurf**.

13. Jemand, den jeder kennt, der ist bekannt, wie ein **wie ein bunter Hund**.

14. Einen Menschen, der kaum redet, bezeichnet man als **stumm wie ein Fisch**.

15. Leute, die ständig streiten, sind wie **Streithähne, Streithammel**.

16. Jemandem, der außergewöhnlich gute Augen hat, sagt man nach, er hat **Augen wie ein Adler**.

17. Jemand, der besonders gute Ohren hat, hört wie ein wie **ein Luchs**.

18. Jemand, der extrem flink ist, bezeichnet man als flink wie ein **Wiesel**.

19. Ist etwas sehr lächerlich oder unglaubwürdig, so sagt man: 'Da lachen ja **die Hühner**.

20. Kümmert eine Angelegenheit kaum mehr einen Menschen, dann **kräht kein Hahn mehr danach**.

5.1.7 Die wörtliche Rede

Die wörtliche Rede ist ein wichtiges Element in einem Aufsatz. Sie macht Erzählungen lebendiger und besteht aus der eigentlichen wörtlichen Rede, also dem gesprochenen Satz und einem **Begleitsatz**. Das kann zum Beispiel so aussehen:

> „Ich habe Hunger", **sagte Franz.**
> „Ich", **stöhnte Franz**, „habe Hunger wie ein Bär!"
> **Franz sagte zu Anneliese**: „Ich habe einen riesengroßen Hunger. Du auch?"

Der Begleitsatz kann also nach der wörtlichen Rede stehen, dazwischen und auch davor. Er wird manchmal auch Einleitung, Einleitungssatz oder Erklärungssatz genannt.

Wird der Begleitsatz vor die wörtliche Rede gesetzt, so endet er mit einem Doppelpunkt.

> Sarah erklärte: „Ab morgen stehe ich früh auf und mache Sport!"

Steht der Begleitsatz in der Mitte oder am Ende, so macht man vor dem Begleitsatz ein Komma.

> „Ab morgen", erklärte Sarah, „stehe ich früh auf und mache Sport!"
> „Ab morgen stehe ich früh auf und mache Sport!", erklärte Sarah.

Der Begleitsatz wird benötigt, um die wörtliche Rede eindeutig zuordnen zu können. So weiß man, wer was gesprochen hat.

Kann man aber eindeutig erkennen, wer gesprochen hat, so kann man den Begleitsatz auch weglassen. Solltest du also in deinem Aufsatz einen längeren Dialog schreiben, kannst du darauf verzichten, immer einen Begleitsatz zu schreiben. Du kannst auch jede wörtliche Rede mit einem neuen Satz in einer neuen Zeile beginnen.

Sepp und Greta unterhalten sich auf dem Heimweg über das Mittagessen.

> „Am liebsten wäre es mir, meine Mutter würde jeden Tag Wienerschnitzel mit Pommes machen!", sagte Sepp.
> „Das wäre aber ungesund!", erklärte Greta.
> „Ach gar nicht! Mein Großvater isst das andauernd, und der ist schon 90!"
> „Dein Großvater kann aber eine Ausnahme sein und es ist trotzdem ungesund. Zu viel Fleisch ist einfach nicht gut."
> „Sein Freund isst mindestens dreimal in der Woche Schweinebraten mit Knödeln - und auch der ist uralt."
> „Ich habe aber gelesen, man sollte nur einmal in der Woche Fleisch essen. Ich mache das auf jeden Fall so."
> „Ach so ein Quatsch", antwortete Sepp, „dann verzichtest du auf all die guten Sachen, und wirst mit 20 vom Auto überfahren! Und was hast du dann davon?"
> „Na da hast du auch wieder recht!", lenkte Greta ein.

Da sich hier nur zwei Personen unterhalten, kann man leicht erkennen, wer mit wem spricht. Hier muss man nicht zu jedem Satz zwingend ein Begleitsatz stehen.

5.2 Aufsatzformen in der Unterstufe

Es gibt verschiedene Aufsatzarten, die in der Schule durchgenommen werden.

Viele Aufsatzformen hast du bereits in der Grundschule kennengelernt. Von Jahr zu Jahr solltest du deinen Erzählstil aber weiter ausbauen.

Aufsatzformen in der Unterstufe:

- ➢ Briefe

  persönlicher Brief, formeller Brief, E-Mail

- ➢ Bericht

  Zeitungsbericht, Erlebnisbericht, Reisebericht

- ➢ Erörterung / begründete Stellungnahme

- ➢ Beschreibung

  Vorgangsbeschreibung, Spielanleitung, Bedienungsanleitung, Personenbeschreibung …

- ➢ Erzählung

  Zu den **Erzählungen** zählen:

  - ➔ Die Bildergeschichte
  - ➔ Die Erlebniserzählung
  - ➔ Die Reizwortgeschichte
  - ➔ Die Ausgestaltung eines Erzählkerns und Fortführung eines Erzählanfangs
  - ➔ Das Märchen und die Fantasiegeschichte

- ➢ Buchvorstellung

6. Der Brief

Lernziele

Die Schülerinnen und Schüler sollen die Unterschiede zwischen einem Privatbrief und einem Geschäftsbrief erfassen und umsetzen können. Sie sollen sowohl den inhaltlichen Aufbau sowie die Regeln der unterschiedlichen Briefformen kennen.

Die Schüler sollen lernen:

> ➤ Texte übersichtlich zu gestalten.
> ➤ Texte leserlich zu schreiben.
> ➤ persönliche Anliegen in einem Brief zu formulieren.
> ➤ einen sachlichen Brief zu formulieren.
> ➤ eine Anfrage per E-Mail zu verfassen.
> ➤ Unterschiede der Briefformen zu benennen.

Auch im Brief müssen die W-Fragen beantwortet werden:

Wem schreibe ich?	Empfänger des Briefes.
Warum schreibe ich?	Anlass und Grund des Briefes?
Was schreibe ich?	Was ist wichtig und was interessiert den Empfänger?
Welche Sprache wähle ich?	Je nach Anlass: lustig, höflich, ernst, kurz oder ausführlich oder sachlich.
Welche Reihenfolge?	Festlegung einer sinnvollen Reihenfolge.

Beim **Brief** gibt es neben der Einteilung in Einleitung, Hauptteil und Schluss **Formalien** (Datum, Anrede, Gruß), die eingehalten werden müssen. Auch das Kuvert muss korrekt beschrieben werden.

Mach dir immer einen Schreibplan und schreibe auf:

- Wem möchte ich schreiben? (Adressat geschäftlich / privat?)
- Weshalb möchte ich schreiben? (Dankesbrief, Gratulation, Interesse…)
- Worüber möchte ich schreiben? (Thema)
- Wie bringe ich die Einzelheiten in eine sinnvolle Reihenfolge?

Prüfe zum Schluss stets, ob die Formalien eingehalten sind.

Briefumschlag:

Es gibt feste Regeln zur Beschriftung eines Briefumschlages.

In die obere linke Ecke des Briefumschlags wird die Anschrift des Absenders geschrieben. Dazu gehören neben dem Namen auch die Straße, die Hausnummer, die Postleitzahl und der Ort, falls der Brief ins Ausland geht sogar das Land. Der Absender ist wichtig, falls der Brief dem Empfänger nicht zugestellt werden kann. In diesem Fall kann die Post, den Brief wieder zurück an den Absender schicken.

Im unteren rechten Viertel schreibt man den Adressaten – Adresse des Empfängers. Auch hier ist es wichtig, dass die Adresse vollständig und korrekt ist, da der Empfänger den Brief sonst nicht erhält. Lieber zweimal kontrollieren, häufige Fehler sind Zahlendreher in Postleitzahl und Hausnummer.

Die Briefmarke wird oben rechts aufgeklebt. Der Preis der Briefmarke ist abhängig vom Briefformat und dem Gewicht des Briefes.

Bei offiziellen Briefen wird oftmals ein Kuvert mit Sichtfenster verwendet:

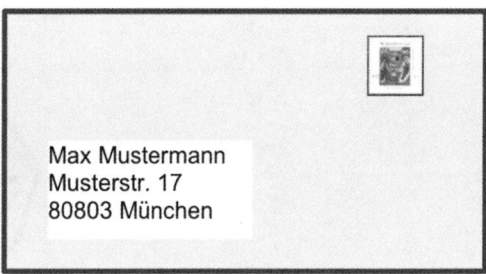

Beispiel für die Bewertung eines Briefes:

Inhalt 13 Punkte	Punkte
- Du hast an die formalen Bestandteile des Briefes gedacht: → an Ort, Datum, Anrede, Grußformel und Unterschrift	3
Du hast die inhaltlichen Punkte des Brieftextes ausführlich beschrieben: - Einleitender Satz, z. B. der Dank für das Geburtstagsgeschenk, Geburtstagsgrüße - Schilderung eines Geschehens Schilderung eines Ausfluges / Festes / Geburtstags … - Persönliche Fragen - Grüße	2 4 2 1
- Dein Brief endet mit einem passenden Schlusssatz.	1
Sprache 12 Punkte	Punkte
- Abwechslungsreiche Satzanfänge - Vermeidung von Wortwiederholungen	2 2
- Formulierung sinnvoller Sätze, richtiger Satzbau	2
- Verwendung unterschiedlicher und treffender Verben und Adjektive.	4
- Rechtschreibung Lernwörter und verwandte Wörter sind fehlerfrei geschrieben. Nomen und Satzanfänge sind immer großgeschrieben.	2

25	25 – 23 1	22 – 20 2	19 – 17 3	16 - 13 4	12 – 9 5	8 – 0 6

6.1   Checkliste

Mithilfe der Checkliste kannst du deinen Brief überprüfen. Kontrolliere, ob du alle wichtigen Punkte beachtet und eingehalten hast.

CHECKLISTE

- ➤ Ort/Datum vorhanden? ○
- ➤ Absender korrekt? ○
- ➤ Adressat korrekt? ○
- ➤ Leerzeilen beachtet? ○
- ➤ Passende Anrede verwendet? ○
- ➤ Komma nach der Anrede gesetzt? ○
- ➤ Einteilung in Einleitung, Hauptteil und Schluss? ○
  - ➜ Alle durch Absätze getrennt?
- ➤ Höflichkeitsform bei formellen Briefen beachtet? Großschreibung bei den Anredepronomen (Sie / Ihr)? ○
- ➤ Gehst du auf den Adressaten ein? ○
- ➤ Falls es sich um einen Antwortbrief handelt, hast du offene Fragen beantwortet? ○
- ➤ Wird der Adressat mehrfach angesprochen? ○
- ➤ Überleitung zur Grußformel? ○
- ➤ Passende Grußformel gefunden? ○
- ➤ Rechtschreibung und Zeichensetzung beachtet? ○
- ➤ Keine Umgangssprache verwendet? ○

6.2   Persönlicher/Privater Brief

Der Brieftext entspricht einem „schriftlichen Gespräch".

Entsprechend einer guten Unterhaltung bezieht ein Brief den Adressaten in den Text mit ein, es gelten ähnliche Bedingungen wie in einer Gesprächssituation.

Wie alle anderen Aufsatzarten wird auch der Brief aufgeteilt in Einleitung, Hauptteil und Schluss.

Einleitung	Zu Beginn gehst du auf den Empfänger ein und sprichst diesen persönlich an. Handelt es sich um einen Antwortbrief, kannst du dich für den letzten Brief bedanken und beantwortest eventuell gestellte Fragen.
Hauptteil	Im Hauptteil informierst du den Adressaten über Neuigkeiten aus deinem eigenen Umfeld; schildere Erlebnisse und Ereignisse, die den Anderen interessieren könnten. Formuliere den Grund deines Briefes.
Schluss	Am Ende des Briefes richtest du dich nochmals an den Empfänger und schließt mit guten Wünschen und lieben Grüßen ab.

Warum schreibt man einen Brief?

Gründe einen **privaten Brief** zu schreiben:

- Grüße aus dem Urlaub
- Glückwünsche
- Kontakt halten
- Als Entschuldigung
- Liebesbrief
- Freundschaften pflegen
- Urlaubsgrüße
- Einladung zu einer Veranstaltung
- Etwas Spannendes / Neues / Wichtiges erzählen
- Eine besondere Verabredung treffen
- Sich bedanken
- Genesungswünsche

Aufbau eines privaten Briefes:

Ein guter privater Brief sollte höflich und möglichst handgeschrieben sein.

Im Folgenden wird der Aufbau an Beispielen näher erläutert.

Ort und Datum

Am Anfang jedes Briefes stehen am **rechten oberen Rand** der Ort und das Datum, an dem der Brief geschrieben wurde.

Beispiel: *München, 15.12.2019*

Bei den restlichen Zeilen fängst du immer am linken Rand an zu schreiben.

Die Anrede

Der nächste Punkt des Briefes ist die Anrede. Mit der Anrede sprichst du den Empfänger direkt an. Die Anrede ist immer abhängig davon, wie man zum Adressaten steht.

Beispiele:

> *„Lieber Paul,",*
> *„Hallo Papa",*
> *„Liebste Marie,"*

Der Einleitungssatz

Um einen geeigneten Einleitungssatz zu finden, kann man den Vergleich mit dem Gespräch heranziehen. Man stellt sich einfach vor wie man mit der Person, an die man den Brief schreibt, ein Gespräch beginnen würde und schreibt es dann so auf.

Beispiele:

- *Wie geht es dir?*
- *Wir haben uns lange nicht gesehen.*
- *Ich habe mich sehr über deinen letzten Brief gefreut …*

Der Inhalt des Briefes

Du kannst für den Brief die Notizen verwenden, die du dir bei der Vorbereitung im Schreibplan gemacht hast. Achte darauf diese richtig zu verpacken und zu zeigen, dass du dich tatsächlich für den Adressaten interessierst, indem du ihn im Brief mehrfach ansprichst und auch Fragen stellst.

Interesse und Anteilnahme im Brief zeigen

Folgende Formulierungen können dir dabei helfen, Interesse und Anteilnahme zu zeigen:

- *Warum haben wir uns schon so lange nicht mehr gesehen?*
- *Da musste ich direkt an dich denken.*
- *Was sagst du dazu?*
- *Ich weiß genau, wie du dich jetzt gerade fühlst.*
- *Ich drücke dir die Daumen.*

Grußformel am Ende

Am Ende des Briefes steht ein Gruß, bei dem es wie bei der Anrede darauf ankommt wie man zum Empfänger steht.

Beispiele:

- *Dein Paul,*
- *In Liebe Christina*
- *Liebe Grüße*
  Deine Nina
- *...bis bald!*
  Deine Tina

Das PS im Brief

Wenn man nach dem eigentlichen Ende des Briefes doch noch etwas sagen oder betonen möchte, kann man dies mit einem sogenannten PS: machen („PS" kommt aus dem Lateinischen: post scriptum – nach dem Schreiben, nachträglich dazuschreiben).

Zum Beispiel kann man so in einem Brief an seine Freundin alle Dinge sagen und nach dem eigentlichen Brief noch verdeutlichen, dass man sie liebt.

...ich hoffe wir sehen uns bald wieder
dein Paul

PS: Ich liebe dich!

Aufgabe:

Dein Opa hat dir einen Brief geschrieben, indem er dir von seinem letzten Urlaubser-
lebnis mit Oma erzählt. Er kündigt an, dass er euch gemeinsam mit seiner Frau in den
Pfingstferien besuchen kommt. Zu deiner Freude lagen dem Brief auch noch 20 Euro
bei.

Beantworte den Brief. Sammle deine Ideen zunächst in einem Schreibplan.

Denke an die Formalien!

Schreibplan:

_____

_____

_____

_____

_____

_____

_____

_____

_____

_____

_____

_____

_____

_____

München, 21.04.2019

Lieber Opa,

vielen Dank für deinen letzten Brief, ich habe mich sehr gefreut über eure lustigen Urlaubserlebnisse. Herzlichen Dank auch für die 20 Euro, kann ich immer brauchen, du weißt ja, ich spare auf die coolen, roten Turnschuhe.
Am meisten aber freue ich mich darüber, dass du und Oma uns in den Pfingstferien besuchen kommt.

Ich habe mir schon ein paar Gedanken gemacht, was wir alles gemeinsam machen könnten. Eine Wanderung am Ammersee, da ist es meistens flach am Seeufer entlang. Nach dem Fußmarsch könnten wir Brotzeit in dem Biergarten direkt am See machen, in dem wir bei eurem letzten Besuch schon waren. Mir hat es dort super geschmeckt und leider waren wir seitdem nie wieder dort.
Kennst du die Schliersbergalm, Opa? Beim letzten Wandertag waren wir dort, das war auch echt toll und, falls ihr euch traut, könnten wir mit der Sommerrodelbahn fahren. Ins deutsche Museum würde ich auch gerne mal wieder gehen, am liebsten mit dir alleine. Wir könnten die Frauen zum Shoppen schicken und wir gehen ins Museum und schauen uns das Bergwerk, die Flugzeuge und die Schiffe an. Was hältst DU von einem Männerausflug?
Mir geht es sehr gut und auch die Schule läuft, bis auf Deutsch. Meine Lehrerin meint, ich sollte mehr lesen. Mama hat mir gleich ein neues Buch gekauft: Gangsta-Oma von David Williams. Es erzählt von einer ziemlich coolen Oma, ich kann es dir gerne leihen, wenn ich es fertig gelesen habe.
Letzte Woche habe ich meinen grünen Gürtel im Judo bekommen. Vor dem Test war ich sehr nervös und hatte ein bisschen Angst, dass ich es vermasseln könnte, aber dann war es doch ganz einfach für mich. Mama und Papa waren sehr stolz auf mich.

Jetzt muss ich Schluss machen, denn mein Training beginnt gleich.
Sag Oma bitte ganz liebe Grüße und gib ihr einen dicken Kuss von mir.

Ich freue mich auf euch, Gruß

Dein Niklas

PS: Wanderschuhe nicht vergessen!

6.3   Sachlicher Brief

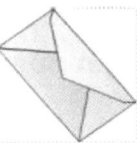

Gründe einen **sachlichen/formellen Brief** zu schreiben:

- Bewerbung für ein Praktikum
- Bewerbung für ein Auslandssemester
- Schreiben an eine Behörde

Bevor du deinen Brief schreibst, müssen einige Fragen geklärt sein, fasse diese zunächst als Notizen in einem Schreibplan zusammen:

- An wen geht der Brief?
- Was ist der Anlass des Briefes?
- Was möchte ich dem anderen mitteilen?
- Ein formeller Brief wird immer sachlich geschrieben.
- Wie plane ich den Aufbau des Briefes?

Aufbau eines formellen Briefes:

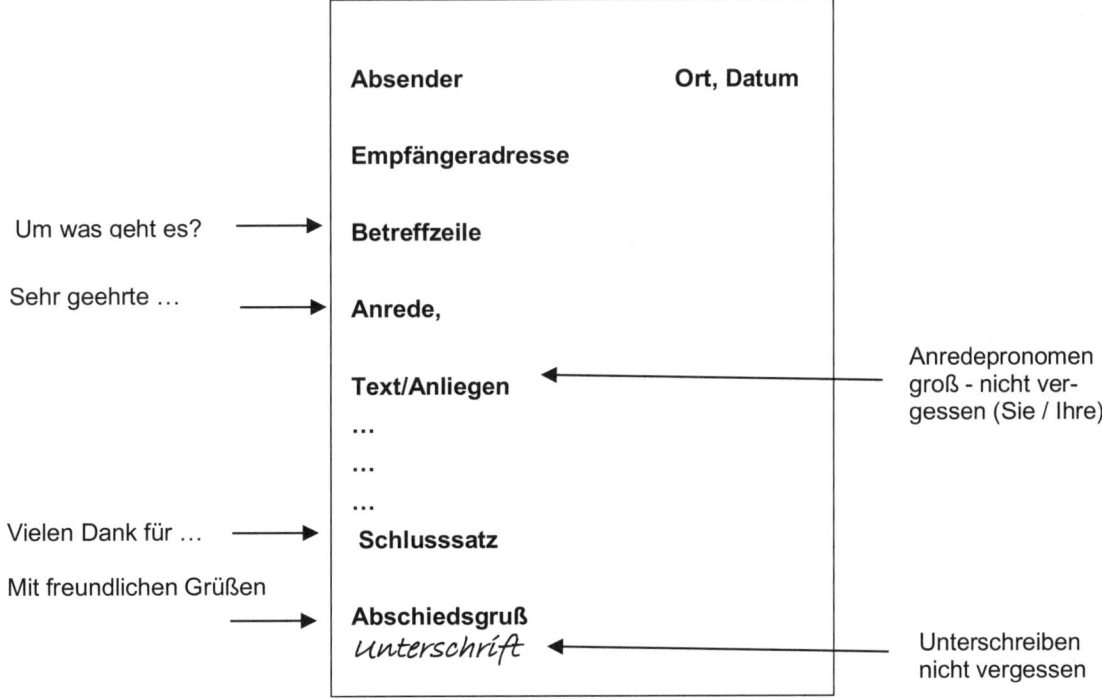

Absender / Ort und Datum

Am Anfang jedes Briefes stehen am **linken oberen Rand** die Adresse des Absenders und am **rechten oberen Rand** der Ort, und das Datum, an dem der Brief geschrieben wurde.

Beispiel:

> *Peter Mayer*   *München, 15.06.2019*
>
> *Musterstraße 1*
>
> *80801 München*

Der Adressat

Als nächstes ist die Adresse des Empfängers anzugeben.

Betreffzeile

Beispiel:

> *Ihre Anzeige vom 10.06.2019*

Die Anrede

Der nächste Punkt des Briefes ist die Anrede. Mit der Anrede sprichst du den Empfänger direkt an. Die Anrede ist immer abhängig davon, wie man zum Adressaten steht.

Beispiele:

> *„Sehr geehrte Frau Bayer,"*
>
> *„Sehr geehrte Damen und Herren,"*

Der Einleitungssatz

Bezug zum Betreff und damit dem Anlass des Briefes nehmen.

Beispiele:

> *Mit Interesse habe ich Ihre Anzeige gelesen …*
>
> *Bezugnehmend auf Ihr Schreiben vom …*

Grußformel am Ende

> *Mit freundlichen Grüßen*
>
> *Peter Mayer*

Steckbrief persönlicher und formeller Brief:

	persönlicher Brief	formeller Brief
Briefkopf	Ort, Datum	Absender links / rechts Ort, Datum Adressat links Betreff
Anrede	persönliche Anrede	formelle Anrede
Einleitung	Frage nach dem Wohlbefinden des Adressaten	Bezug zur Betreffzeile
Inhalt	schildern eigener Erlebnisse persönliche Ansprache / Fragen Geheimnisse …	sachliche Ausführung des Briefgrundes: Bewerbung, Beschwerde, Anfrage Beachte Pronomen in der Höflichkeitsform (Sie / Ihre)
Abschiedsgruß	persönliche Grußformel *eigenhändige Unterschrift*	Formeller Abschied: Mit freundlichen Grüßen / Hochachtungsvoll *eigenhändige Unterschrift*

Aufgabe:
Du möchtest gerne in den Ferien gemeinsam mit deiner Freundin ein Praktikum auf einem Bauernhof machen. Ihr sollt dort helfen die Ferienkinder zu betreuen und euch um die Pferde kümmern.

Du antwortest auf eine Anzeige des Bauernhofs im „Hallo-Anzeiger".

Adresse: Feriencamp Waldgeist
             Am Ortsrand 1
             81234 Waldfrieden

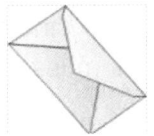

Aufgabe: Mach dir zunächst einen Schreibplan und verfasse anschließend den passenden Brief auf deinem eigenen Block.

Schreibplan:

_____

_____

_____

_____

_____

_____

_____

Bianca Schmidt   Nürnberg, 22.05.2019
Riemerschmiedstraße 13
90439 Nürnberg

Feriencamp Waldgeist
Am Ortsrand 1
81234 Waldfrieden

Anzeige vom 20.05.19 im Hallo-Anzeiger

Sehr geehrte Damen und Herren,

sehr interessiert habe ich Ihre Anzeige in der Zeitung gelesen. Gerne würde ich mich gemeinsam mit meiner Freundin für die Betreuung der Kinder und Pferde bewerben. Wir haben uns bereits im Internet über Ihren Hof ein bisschen informiert.

Ich bin zwölf Jahre alt und möchte gerne gemeinsam mit meiner 13-jährigen Freundin Tina ein dreiwöchiges Praktikum in den Sommerferien auf Ihrem Hof absolvieren.

Wir haben bereits ein bisschen Erfahrung in der Kinderbetreuung, da wir beide regelmäßig Babysitten. Auch mit Pferden kennen wir uns gut aus. Tina und ich reiten und voltigieren seit fünf Jahren. Wir sind für die Pflege unserer Pferde verantwortlich und auch die Reinigung des Stalls müssen wir eigenverantwortlich ausführen.

Da unsere Eltern noch nicht ganz überzeugt von unseren Ferienplänen sind, hätte ich ein paar Fragen:

- Wie alt sind die zu betreuenden Kinder und wie groß sind die Gruppen?
- Wer hat die Hauptverantwortung bei der Kinderbetreuung?
- Wie viele Stunden müssen wir täglich arbeiten und wie viel Freizeit bleibt uns?

Unsere Ferien beginnen Anfang August und wir könnten bereits am Montag, den 08.08.2016 bei Ihnen anfangen.

Über eine baldige Antwort würde ich mich sehr freuen. Dankbar wäre ich, wenn Sie mir noch einen Prospekt über Ihren Hof zuschicken könnten. Vielen Dank im Voraus für Ihre Bemühungen.

Mit freundlichen Grüßen

Bianca Schmidt

6.4 E-Mail

Der Begriff „E-Mail" kommt aus dem Englischen und ist die Abkürzung für „electronic mail" –„elektronische Post" und genau darum handelt es sich bei einer E-Mail - um eine elektronische Post. Die E-Mail hat den „normalen" Brief bereits ins Abseits gedrängt. Rechnungen, Lieferscheine und vieles mehr werden heute fast nur noch per Mail verschickt.

Um eine E-Mail verschicken zu können benötigst du eine E-Mail–Adresse und der Adressat muss auch über eine gültige E-Mail-Adresse verfügen.

Laut Duden kannst du „die E-Mail" oder „das E-Mail" sagen, abgekürzt auch einfach nur die oder das Mail.

Vorteile des E-Mail-Versands gegenüber Postversand:

➢ sehr schnell und bequem: In der Regel erreicht eine E-Mail einen oder mehrere Empfänger innerhalb weniger Sekunden - rund um den Globus.

➢ kostengünstig: kein Porto, kein Briefpapier, kein Briefumschlag, egal wie viel verschickt wird, Fotos oder andere Dokumente können problemlos per Mail versandt werden.

➢ Übertragung kostet kaum etwas, die meisten Haushalte haben heute eine Internet-Flatrate.

Inhaltlich entspricht eine E-Mail einem Brief, hier gelten die oben erwähnten Regeln abhängig davon, ob es sich um eine private oder geschäftliche Mail handelt.

Weglassen kannst du die Adresse des Empfängers, da diese der E-Mail-Adresse entspricht. Ein Datum kannst du schreiben, musst du aber nicht, denn jede E-Mail wird automatisch mit einem Datumsstempel versehen.

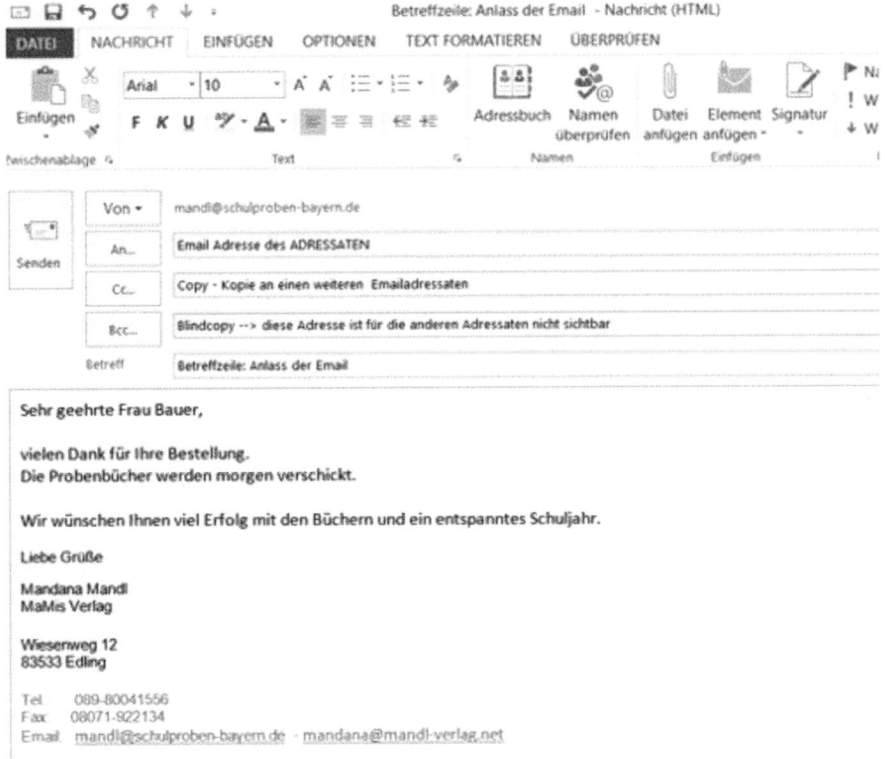

7. Der Bericht

Um einen guten Bericht zu schreiben, solltest du folgende Regeln beachten:

➤ Die Erzählform eines Berichts ist das <u>Präteritum</u>.

➤ Die Sprache sollte <u>sachlich</u> sein, es wird <u>keine</u> Spannung aufgebaut.

➤ Du solltest dich an <u>Fakten</u> halten und nichts hinzufügen.

➤ Ein Bericht wird <u>kurz, aber sachlich und genau</u> erzählt, Gefühle, Kommentare und eigene Gedanken haben hier <u>keinen</u> Platz.

➤ Achte auf die Einhaltung der richtigen <u>zeitlichen Abfolge</u>.

Ein Bericht ist, wie jeder andere Aufsatz auch, aufgeteilt in:

> Einleitung, Hauptteil, Schluss

➤ In der Einleitung gehst du auf die <u>wichtigsten W-Fragen</u> ein (Was ist wem, wann und wo passiert).

➤ Im Hauptteil wird das Geschehen <u>kurz und sachlich</u> und vor allem in der <u>richtigen Reihenfolge</u> erzählt. Antwort auf weitere W-Fragen (Was, wie, warum).

➤ Im Schluss rundest du das Geschehen ab, indem du eine kurze <u>Zusammenfassung</u> erstellst oder die <u>Folgen des Geschehens</u> (Ausblick in die Zukunft) beschreibst.

Folgende Wörter dienen dazu deinen Bericht abwechslungsreich zu halten und zeitliche Abfolgen einzuleiten:

> zuerst, bevor, danach, nachdem, später, endlich, gestern, kurz darauf, kurze Zeit später, anschließend, während, gerade als, in dem Moment, zuletzt, am Ende

<u>Beliebte Themen für einen Bericht sind:</u>

➤ Unfallbericht (Bericht aus Sicht eines Betrachters/Zeugen oder eines Beteiligten)

➤ Ferienbericht (Du berichtest aus deinen Weihnachts- oder Sommerferien)

➤ Polizeibericht

➤ Erlebnis- oder Erfahrungsbericht (Bericht über eine Klassenfahrt, Lesenacht …)

➤ Tätigkeitsbericht (Bericht über die Tätigkeit in einem Praktikum)

Berichte schreiben

Ein Bericht schildert ein Geschehen oder einen Sachverhalt, ohne die Meinung des Verfassers zu enthalten. Wichtig ist, dass der Bericht genaue Informationen zum Ereignis sachlich liefert.

Der Bericht kann ein Unfallbericht bzw. Schadensbericht für Polizei oder Versicherung sein. Häufig handelt es sich beim Erzähler um einen Augenzeugen, der vom Erlebten berichtet.

Bei einem Reisebericht oder Erlebnisbericht der zum Beispiel für die Schülerzeitung vorgesehen ist, können auch persönliche Eindrücke, wie bei einer Erlebniserzählung, in den Bericht mit eingehen.

Aufbau

➢ Einteilung in Einleitung, Hauptteil und Schluss, wobei die Antwort auf die W-Fragen gegeben wird

➢ rein sachliche Mitteilung

➢ Tempus ist durchgängig das Präteritum

Schreibplan

Thema/ Überschrift	Schadensbericht / Ferienbericht / Unfallbericht

Mache dir hier zuerst Notizen zum geplanten Handlungsverlauf!

Einleitung Wer, wo, wann, was	Wer? (Beteiligte) Wo? (Ort) Wann? (Zeit) Was (Art des Geschehens z. B. Autounfall, Klassenfahrt ...)
Hauptteil Was, wie, weshalb; Erzählabschnitte in chronologisch richtiger Reihenfolge	Was? Wie? Warum / Weshalb? ➔ Einzelheiten des Vorfalls in korrekter zeitlicher Reihenfolge
Schluss Rundet den Hauptteil ab, ohne neue Spannung aufzubauen	Welche Folgen? ➔ Folgen des Vorfalls und Ergebnisse

Sprache im Bericht

- sachlich, knapp und genau
- **keine** innere Handlung
- **kein** Spannungsaufbau
- **keine** wörtliche Rede
- Tempus: Präteritum

Abgrenzung Erzählung und Bericht

	Erzählung	Bericht
Thema	Erlebnis	Unfall, Diebstahl etc.
Inhalt	Handlung Gefühle Gedanken wörtliche Rede	Ereignisse **keine** Gefühle **keine** Gedanken **keine** wörtliche Rede
Aufbau	kurze Einleitung Hinführung zum Höhepunkt mit Spannungsaufbau kurzer Schluss zur Abrundung	Einleitung mit Beantwortung der W-Fragen Hauptteil - vollständige Beantwortung der W-Fragen, genaue Einhaltung der zeitlichen Reihenfolge und Beschränkung auf Fakten, kein Spannungsaufbau. Schluss → Folgen
Sprache	lebhaft und anschaulich	klar und sachlich
Absicht	Unterhaltung des Lesers	Information des Lesers
Tempus	Präteritum	Präteritum

7.1   Unfallbericht

Schreibplan:

Einleitung	Wer?	12-jähriger Schüler, 72-jährige Autofahrerin
	Wo?	München, Karlstraße Ecke Dachauer Straße
	Wann?	17. Juli 2015
	Was?	Unfall
Hauptteil	Was?	Fahrradfahrer und Autofahrer kollidieren
	Warum?	Sicht des Fahrers ist durch parkendes Auto behindert
		Fahrradfahrer hat es eilig
	Wie?	Autofahrer biegt ab und rammt Fahrradfahrer
Schluss	Folgen?	Schürfwunde an Knien und Kopf, Armbruch
		Schock

Versuche auch hier, bevor du den Musteraufsatz liest, anhand der Angaben im Schreibplan einen eigenen Bericht zu verfassen.

Rentnerin fährt Schüler an

Am Freitag, den 17. Juli 2019 ereignete sich an der Kreuzung Karlstraße Ecke Dachauer Straße in München ein Unfall, an dem ein Fahrradfahrer und eine Autofahrerin beteiligt waren.

Gegen 8 Uhr 30 näherte sich die Rentnerin Martha M. mit ihrem schwarzen Golf von der Karlstraße kommend der Kreuzung Dachauer Straße. Sie bog trotz der schlechten Sicht, bedingt durch einen schwarzen Porsche Cayenne, welcher deutlich in die Kreuzung hineinragte, direkt in die Dachauer Straße ein. Hierbei übersah die Rentnerin den zwölfjährigen Fritz K., der mit hoher Geschwindigkeit auf dem Bürgerstein fuhr, um noch rasch die Straße bei grüner Ampel zu überqueren. Die Rentnerin streifte das Fahrrad und der Junge fiel, durch seine Unaufmerksamkeit überrumpelt, zu Boden. Der Augenzeuge Franz Z. hatte den Unfall beobachtet und rief umgehend den Rettungswagen. Wenige Minuten später trafen Notarzt und Polizei an der Unfallstelle ein und übernahmen Erstversorgung und Zeugenvernehmung.

Der Schüler erlitt leichte Schürfwunden an Knien und Kopf und einen Haarriss im rechten Handgelenk. Die Rentnerin stand unter Schock. Beide Unfallbeteiligten wurden zur weiteren Versorgung in ein nahe gelegenes Krankenhaus gebracht.

7.2 Klassenfahrtbericht

Schreibplan:

Einleitung	Wer?	Klasse 5c, Klassenleiter, Sportlehrerin
	Wo?	Burg Schlotterstein
	Wann?	Juli 2019
	Was?	Klassenfahrt
Hauptteil	Was?	Zimmerverteilung, Ausflüge Altstadtbesichtigung, Wasserski, Wanderung, Tropfsteinhöhle, Lagerfeuer, Falknershow, Film, Disko
Schluss	Folgen?	Schöne Klassenfahrt, Festigung der Klassengemeinschaft

Klassenfahrt auf Burg Schlotterstein

Am Morgen des 21. Juli 2019 fuhr die Klasse 5c mit dem Bus auf Klassenfahrt zur Burg Schlotterstein im Allgäu. Unsere Klasse wurde von unserem Klassenleiter Herrn Martin und unserer Sportlehrerin Frau Mayer begleitet.

Im Bus planten wir schon die Zimmeraufteilung, je vier Mädchen bzw. vier Jungen mussten sich ein Zimmer teilen. Sofort nach unserer Ankunft bezogen wir die einfachen Zimmer mit je zwei Stockbetten, einem Schrank und einem Waschbecken.

Die Bäder waren Gemeinschaftsbäder, getrennt nach Jungen und Mädchen. Im Großen und Ganzen war alles sehr ordentlich und sauber. Beim Essen gingen die Meinungen auseinander, es war aber immer reichlich.

Am ersten Nachmittag besuchten wir die Altstadt von Schlotterstein, einem idyllischen kleinen Städtchen zu dem unser Historiker Herr Martin viel zu erzählen hatte.

Tags darauf besuchten wir den nahegelegenen See, an dem eine Wasserskiseilbahn installiert war. Die meisten Kinder durften zum ersten Mal Wasserski ausprobieren, was sich als nicht so einfach herausstellte.

Am zweiten Tag unserer Klassenfahrt stand eine große Wanderung auf dem Plan. Jeder packte sich ein Lunchpaket und wir starteten bereits um 9:00 Uhr bei strahlendem Sonnenschein. Der Tag wurde ein voller Erfolg. Wir besuchten eine Tropfsteinhöhle, durften nachmittags baden und kamen gegen 15 Uhr 30 wieder zurück zur Burg. Nach einer kurzen Freizeitphase, in der jeder machen konnte, was er wollte, trafen wir uns um 18:00 Uhr im Innenhof, wo der Burgherr bereits ein riesiges Lagerfeuer angefacht hatte. Die Burgherrin hatte Teig für Stockbrot vorbereitet und wir hatten einen vergnüglichen Abend am Lagerfeuer.

Am Tag vor unserer Abreise hatte unser Burgherr, der auch Falkner war, eine Falknershow geplant. In einer beeindruckenden Vorstellung, ließ der freundliche Falkner seine Vögel fliegen und erzählte uns Wissenswertes über seine Tiere und seinen Beruf.

Auch für unseren letzten Abend hatten sich unsere Lehrer etwas Besonderes ausgedacht. Erst durften wir nach dem Abendessen einen Film ansehen. „Die Kinder des Monsieur Mathieu". Ein sehr schöner, aber auch trauriger, französischer Film, der von einem wunderbaren Lehrer und seinen Schülern handelte. Anschließend durften wir noch bis 22:00 Uhr bei aktueller Musik tanzen.

Am Abreisetag war die Stimmung gedämpft. Die meisten waren etwas traurig, denn wir hatten eine tolle Zeit auf Burg Schlotterstein. Die Klasse war deutlich enger zusammengerückt.

7.3   Zeitungsbericht

Am 31.3.17 verwüstete das Sturmtief Niklas weite Teile Deutschlands. Suche dir ein paar Informationen aus dem Internet und verfasse einen kurzen Zeitungsbericht.

Falls du kein Internet zur Verfügung hast, verwende die Informationen aus dem Schreibplan um einen kurzen Bericht zu verfassen.

Schreibplan:

Einleitung	Wer?	Sturmtief Niklas
	Wo?	Deutschland
	Wann?	31. März 2017
	Was?	Sach- und Personenschäden
Hauptteil	Was?	Unfälle, Leitungsschäden
	Warum?	Orkan Windstärke bis zu 190 km/h
	Wie?	Baumentwurzelung, Dachabdeckungen
Schluss	Folgen?	Hohe Sachschäden, Tote, Verletzte

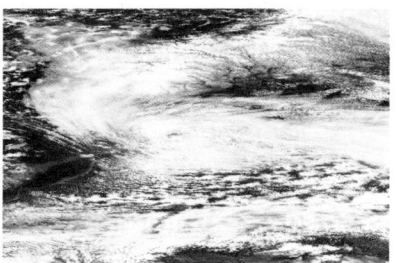

Sturmtief Niklas fegt über Deutschland

Am Dienstag, den 31. März 2017 hatte der Orkan Niklas in ganz Deutschland gewütet und dabei erhebliche Schäden angerichtet.

Es handelt sich um den heftigsten Sturm seit drei Jahrzehnten, bei dem Bäume entwurzelt, Hausdächer abgedeckt und Menschen verletzt und getötet wurden.

Mit Windböen von mehr als 100 Kilometern in der Stunde zog Orkan Niklas am Dienstag über Deutschland, auf den Bergen wurden sogar Spitzen von 190 Kilometer in der Stunde erreicht. Während des Sturmtiefs Niklas sind in Deutschland zahlreiche

Personen verletzt worden, mindestens neun Menschen sind ums Leben gekommen. Der Münchner Hauptbahnhof musste nach Schäden an der Dachkonstruktion für mehrere Stunden evakuiert werden. Viele Bahnstrecken waren stundenlang durch umgefallene Bäume nicht passierbar. Tausende Reisende saßen an Deutschlands Bahnhöfen fest.

Niklas hinterlässt schwere Schäden an Gebäuden, Autos und Bahnstrecken. Der Sachschaden ist beträchtlich. Mehrere Menschen sind infolge des verheerenden Unwetters ums Leben gekommen. Viele Personen wurden zum Teil schwer verletzt.

7.4 Der Reisebericht

Beim Reisebericht gibt es zwei verschiedene Formen: den knappen sachlichen Bericht und den ausführlichen anschaulichen Bericht.

Ein ausführlicher Bericht wäre zum Beispiel eine Reportage. Sicherlich kennst du aus dem Fernsehen Reportagen über Reisen. Diese stellen einen ausführlichen Reisebericht dar. Einen knappen Bericht nennt man eine Meldung.

Beim Erstellen eines Reiseberichts geht es einerseits um deine subjektiven Erfahrungen andererseits sollte der Leser aber auch möglichst viele Informationen über das Reiseziel erhalten. Wichtig ist also, dass der Leser erfährt, in welches Land gereist wurde, in welche Stadt oder welchen Ort, und um welche Art von Reise es sich handelte. Des Weiteren sollte er auch Informationen über den Ort, die Natur, die dort lebenden Menschen und deren Kultur erhalten. In der Einleitung solltest du möglichst eine allgemeine Beschreibung des Reiseziels abgeben, und dabei insbesondere auch auf die geographische Lage, das Klima, eventuell die Sprache sowie die besonderen Gepflogenheiten der Menschen eingehen.
Ansonsten musst du dich auch beim Reisebericht an die Beantwortung der W-Fragen halten und an den Aufbau: Einleitung, Hauptteil und Schluss.

Beispiel für eine Reisebeschreibung:

Unsere letzten Winterferien wollte unser Vater im Urwald verbringen. Wir hatten vor, Weihnachten in der "Borneo Rainforest Lodge" zu verbringen, die zweieinhalb Autostunden von der nächsten Besiedlung entfernt lag. Diese Lodge befindet sich auf der Insel Borneo im Bundesstaat Sabah in Malaysia. Borneo ist eine Insel im malaiischen Archipel in Südostasien. Mit einer Fläche von 751.936 km² ist sie nach Grönland und Neuguinea die drittgrößte Insel der Welt und die größte Insel Asiens.

Am Tag nach unserer Ankunft hatten wir schon den ersten Ausflug mit unserem Regenwaldführer gebucht. Bereits am Abend davor gab man uns ein Notizblatt, auf dem wir nachlesen konnten, dass wir Blutegelsocken anziehen und uns mit Mückenspray einsprühen sollten. Am nächsten Morgen liefen wir in aller Frühe im Schein unserer Taschenlampen los. Wo immer der Lichtkegel hinfiel, leuchtete sattes, nasses Grün. Dahinter herrschte eine undurchdringliche, unheimliche Schwärze. Der Urwald erschien mir erstaunlich laut. Noch nie hatte ich so viele Geräusche in der Dunkelheit wahrgenommen. Man konnte sogar die Tropfen, die sich aufgrund der hohen Luftfeuchtigkeit bildeten, auf die großen Blätter der tropischen Pflanzen fallen hören. Mir erschien es laut wie ein Knall.

Auch wenn Blutegel völlig harmlos sind, hatte ich doch so meine Bedenken. Es wird behauptet, sie würden an der Seite der Wege auf alle Warmblüter warten, um sie dann auszusaugen. Nach ein paar Stunden würden die gummiartigen Biester zwar wieder von einem abfallen, aber wer wollte sich schon auf diese Weise als Blutspender benutzen lassen? Die Wege waren von den Wurzeln der Dipterocarpaccenbäume durchzogen und man musste bei jedem Schritt darauf achten, wo man hintrat. Man fand nur wenig Erde über den Wurzeln, die bis zu 50 m lang waren.

Wir wanderten zu einem Aussichtspunkt, den wir bei Sonnenaufgang erreichen wollten. Kaum waren wir an dem höhergelegenen Aussichtspunkt angekommen, verzogen sich die nächtlichen Nebelbänke, und das erste Licht des Tages gab den Blick auf die 60 m hohen Baumkronen des Regenwaldes frei.

Vom Aussichtspunkt aus konnte man über das dichte Blätterdach des Urwalds kilometerweit in die Ferne blicken.

So plötzlich wie es Nacht wurde, wurde es auch Tag. Der Nebel war binnen Sekunden verschwunden und die tropische Sonne brannte auf unsere Köpfe.

Danum Valley umfasst 438 km² und ist seit 130 Millionen Jahren unberührt, wie auch ein paar weitere Gebiete des malaiischen Bundesstaates Sabah. Die Regierung hatte damals beschlossen, 38 % des Regenwaldes zu schützen. Das Abholzen wurde eingestellt. Es werden nur die noch bestehenden Plantagen mit Palmöl bewirtschaftet. Noch konnte man hier Elefanten, Wildkatzen, Mondbären und sogar das Rhinozeros finden. Die großen Säugetiere haben wir allerdings sehr selten gesehen. Auch musste man eher Glück haben, um den asiatischen Elefanten oder den Orang Utan zu Gesicht zu bekommen.

In der Lodge gibt es angeblich 60 Affen.

Während unseres Aufenthaltes hatten wir öfter das Glück, die rotpelzigen Maronenlanguren mit ihren schwarzen Gesichtern zu sehen. Wie auch die Langschwanzmakaken turnten sie in den Bäumen herum.

Ein sehr schöner Ausflug war auch der Canopy Walk. Er führt über stabile Hängebrücken in 26 m Höhe über den Wald und teilweise durch das dichte Blätterdach. Man geht von Aussichtspunkt zu Aussichtspunkt und kann so die ganze Schönheit des Waldes auf sich einwirken lassen. Für Vogelliebhaber ist dieser Weg besonders zu empfehlen, denn mit mehr als 300 Vogelarten ist das Naturschutzgebiet ein besonders interessanter Ort.

Für mich war das Danum Valley eine unvergessliche Erfahrung und definitiv die lange Reise wert. Inmitten des Dschungels bekommt man das Gefühl, an einem der letzten unversehrten Plätze dieser Erde zu sein.

8. Die Erlebniserzählung

Die Erzählung ist eine mündliche oder schriftliche Wiedergabe einer realen oder erfundenen Geschichte. Beim Erzählen solltest du immer darauf achten das Interesse des Lesers oder Zuhörers zu wecken und zu erhalten. Sobald er sich langweilt, verliert er sein Interesse.

Um die Spannung in deinen Geschichten zu halten, solltest du dich an die Tipps halten, die wir dir hier geben.

Leitfaden:

➜ Die Erzählung wird in <u>Einleitung, Hauptteil und Schluss</u> gegliedert.

➜ Deine Geschichte muss nicht zwingend wahr sein, aber sie sollte <u>wahrscheinlich</u> sein.

➜ Beschränke dich auf <u>ein einziges Ereignis </u>und arbeite auf den <u>Höhepunkt</u> hin.

➜ Achte auf einen <u>chronologisch richtigen Verlauf</u>.

➜ Baue die <u>wörtliche Rede</u> ein, indem du die Personen sprechen und denken lässt.

➜ Versuche auch die <u>Gefühle</u> der Personen zum Ausdruck bringen.

➜ Erzähle spannend und lebendig indem du viele <u>treffende Adjektive</u> und <u>abwechslungsreiche Verben</u> verwendest.

➜ Achte auf <u>unterschiedliche Satzanfänge</u>.

➜ Die Erzählung wird im <u>Präteritum</u> (Imperfekt) geschrieben, da das von dir erzählte Geschehnis in der Vergangenheit liegt.

Häufige Fehler:

➜ Die Geschichte ist nicht korrekt aufgebaut.

➜ Die Gliederung in Einleitung, Hauptteil und Schluss ist nicht erkennbar.

➜ Die Erzählung ist langweilig, da dem Leser keine Gefühle mitgeteilt werden und zu wenig wörtliche Rede eingebaut ist. Der Spannungsbogen zur Geschichte fehlt. Die Sätze sehen alle gleich aus, da keine abwechslungsreichen Satzanfänge, Adjektive und Verben eingebaut sind.

➜ Oftmals wird ein zweites Ereignis eingebaut, die Beschränkung auf ein einzelnes Ereignis ist wichtig.

➜ Häufig wird die Erzählzeit des Präteritums nicht durchgängig eingehalten.

Um Fehler zu vermeiden und den Faden nicht zu verlieren, ist es sinnvoll vor der Verfassung deines Aufsatzes einen **Schreibplan** oder ein **Mindmap** aufzustellen.

Achte beim Ausgestalten des Hauptteils darauf unterschiedliche Satzanfänge, spannende und abwechslungsreiche Adjektive sowie unterschiedliche Wörter zu einem Wortfeld zu verwenden. Hierzu findest du zahlreiche Beispiele und Formulierungen im Kapitel „Tipps zum Schreiben". Es ist sinnvoll diese Seiten beim Schreiben von Haus- und Übungsaufsätzen immer zur Hand zu nehmen. Mit der Zeit prägen sich die Ausdrücke ein und irgendwann brauchst du die Seiten nicht mehr.

Aufbau Schreibplan:
→ Gewöhne dir an immer mit einem Schreibplan zu arbeiten, auch wenn es nicht zwingend gefordert wird.

Thema/ Überschrift	_____ _____

Mache dir hier zuerst Notizen zum geplanten Handlungsverlauf!

Einleitung Wer, wo, wann, was	_____ _____ _____ _____
Hauptteil Was, wie, weshalb - Erzählabschnitte in chronologisch richtiger Reihenfolge	_____ _____ _____ _____ _____ _____ _____ _____ _____ _____ _____
Schluss Rundet den Hauptteil ab ohne neue Spannung aufzubauen	_____ _____ _____ _____

Gerne kannst du auch ein Mindmap verfassen, Beispiele hierzu liefern wir im Folgenden.

8.1 Die Reizwortgeschichte

8.1.1 Herbstgeschichte

Arbeitswörter/Reizwörter:

Draußen, kühl, Dreck, stürmisch, plötzlich, vergessen, Höhle, Herbst, Geist

Schreibe eine Geschichte mit den gegebenen Wörtern, vergleiche anschließend mit der Musterlösung. Unterstreiche hierzu sowohl in deinem Aufsatz als auch in der Musterlösung alle Wörter zum Wortfeld „sagen" in Grün und die Adjektive in Gelb. Wie viele unterschiedliche Adjektive findest du? Vergleiche mit deinem Aufsatz.

Schreibplan:

Thema / Überschrift	Abenteuer im Herbst / Ein gefährlicher Ausflug

Notizen zum geplanten Handlungsverlauf!

Einleitung Wer, wo, wann, was, warum?	Wann: stürmischer Herbsttag Wo: Zamilapark / Höhle Wer: Alena, Nicolas, Maxi und ich
Hauptteil Was, wie, weshalb? Erzählabschnitte in chronologisch richtiger Reihenfolge	Ausflug zum Park Besuch Höhle Angst / Unfall / Schrecken Ausweg / Rettung
Schluss Rundet den Hauptteil ab ohne neue Spannung aufzubauen	Bezug zum Anfang bzw. zum Text und mit Schlusssatz abrunden: Alle fahren nach Hause und trotz der Aufregung war es ein schöner Tag ...

Alternative „Mindmap"

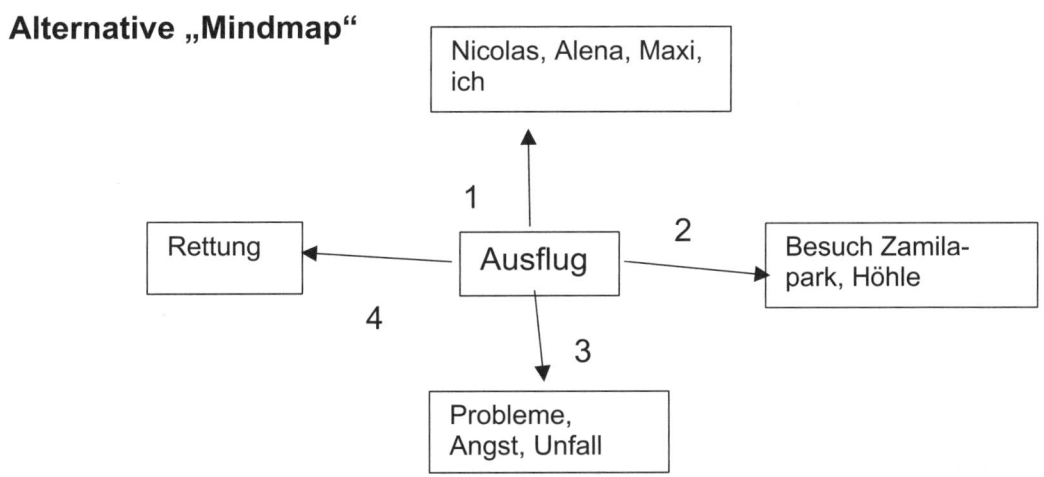

Der Schreibplan bzw. die Mindmap soll dir helfen deine Geschichte in groben Zügen festzuhalten und dir als Gedankenstütze beim Ausarbeiten dienen.

Achte darauf, die vorgegebenen Wörter in deine Geschichte einzubauen.

Ein gefährlicher Ausflug

An einem schönen, leicht stürmischen Herbsttag traf ich mich mit meinen Freunden Nikolas, Alena und Maxi vor unserem Haus. Wir wollten gemeinsam etwas ganz Besonderes machen. Wir fuhren mit den Fahrrädern in den nahegelegenen Zamilapark, wo ich bei meinem letzten Besuch eine geheime Höhle entdeckt hatte.

Als wir vor dem Eingang der Höhle standen, hatten wir alle etwas weiche Knie. Ganz mutig meinte Maxi: „Los, auf geht's, lasst uns reingehen!" „Nein!", antwortete Nikolas, „da bringen mich keine zehn Pferde rein." Sogleich stimmte Alena ein: „Mich auch nicht."

„Feiglinge!", schimpfte ich großkotzig. „Komm, Max, dann gehen wir beide eben alleine!". Wir nahmen uns an den Händen, ließen die Anderen draußen stehen und gingen zu zweit in die Höhle. Je tiefer wir in die Höhle kamen, desto kühler, dunkler und dreckiger wurde es und ich dachte mir: „Mist! Warum bin ich nicht mit den Anderen draußen geblieben?" Max drückte meine Hand etwas fester und fragte: „Hast du deine Taschenlampe dabei? Ich kann kaum noch was sehen." Schnell griff ich in den Rucksack und holte die Taschenlampe heraus. Mit Licht war es in der Höhle gleich gar nicht mehr so gruselig. Aber leider dauerte es nicht lange und die Taschenlampe gab ihren Geist auf. Die Batterien waren leer. Wir hatten völlig die Orientierung verloren und wussten nicht mehr wo der Ausgang war. Plötzlich hörte ich ein lautes „Aua!"

Maxi war im Dunkeln gestolpert und hatte sich dabei die Knie aufgestoßen. „Was machen wir jetzt?", fragte er weinerlich. „Ich weiß auch nicht", gab ich entmutigt zurück. „Ich habe leider vergessen Ersatzbatterien einzustecken." Doch dann fiel mir ein, dass Mama mir extra ihr Handy mitgegeben hatte und ich schrie freudig auf: „Ich habe Mamas Handy dabei! Ich rufe schnell Nikolas an, er soll Hilfe holen."

Gott sei Dank hatten wir Empfang und Nikolas ging auch direkt ans Telefon. „Super, dass ich dich erreiche!", überfiel ich ihn, „wir sitzen hier im Dunkeln und wissen nicht mehr, wie wir wieder rauskommen. Kannst du bitte Hilfe holen. Maxi ist hingefallen und hat sich leicht verletzt." Nikolas versicherte mir, dass er sich um unsere Rettung kümmern würde. Maxi und ich saßen schlotternd Rücken an Rücken in der kühlen, dreckigen Höhle und fürchteten nie mehr herauszukommen. Ich fing an leise zu weinen, als Maxi plötzlich meinte: „Horch mal, ich glaube da ruft jemand!" Tatsächlich, ich konnte es auch hören. „Nina, Maxi – wo seid ihr?" Überglücklich antworteten wir: „Hier, hier, wir sind hier!" Wenige Momente später stand ein fremder Mann vor uns und schon wieder stieg Panik in mir hoch. Der Mann bemerkte dies wohl und meinte: „Euer Freund Nikolas hat mir alles erklärt und mich gebeten, nach euch zu sehen. Ich bin Zivilpolizist und kenne mich hier gut aus, leider verirren sich hier immer wieder neugierige Jugendliche." Nun waren wir beruhigt, bedankten uns und folgten dem hilfsbereiten Polizisten nach draußen.

Als wir endlich wieder aus der Höhle kamen, fielen uns Alena und Nikolas stürmisch um den Hals. Alena sagte mit zitternder Stimme: „Wir haben uns echt Sorgen um euch gemacht. Nikolas hat auch schon deine Mama angerufen, sie ist auf dem Weg hierher." Kaum ausgesprochen stand Mama wie aus dem Nichts vor uns und ich dachte: „Oh je, das gibt gleich ein riesen Donnerwetter!"

Aber Mama nahm Maxi und mich in die Arme und meinte nur: „Von dem Dreck und dem Blut auf Maxis Hose abgesehen, seht ihr ja ganz munter aus." Anschließend versorgte sie Maxis Wunde.

Wir bedankten uns nochmals höflich bei dem Fremden und fuhren alle gemeinsam nach Hause.

Beim Abendessen erzählte ich unser Abenteuer in der Familienrunde und anschließend kroch ich todmüde in mein Bett. Mit geschlossenen Augen dachte ich: „Es war trotz der Aufregung ein toller Tag."

8.1.2 Weihnachtsgeschichte

Arbeitswörter:

Erwartung, packen, Nüsse, friedlich, heimlich, Qual, hoffentlich, Christbaum, Lied

Mindmap

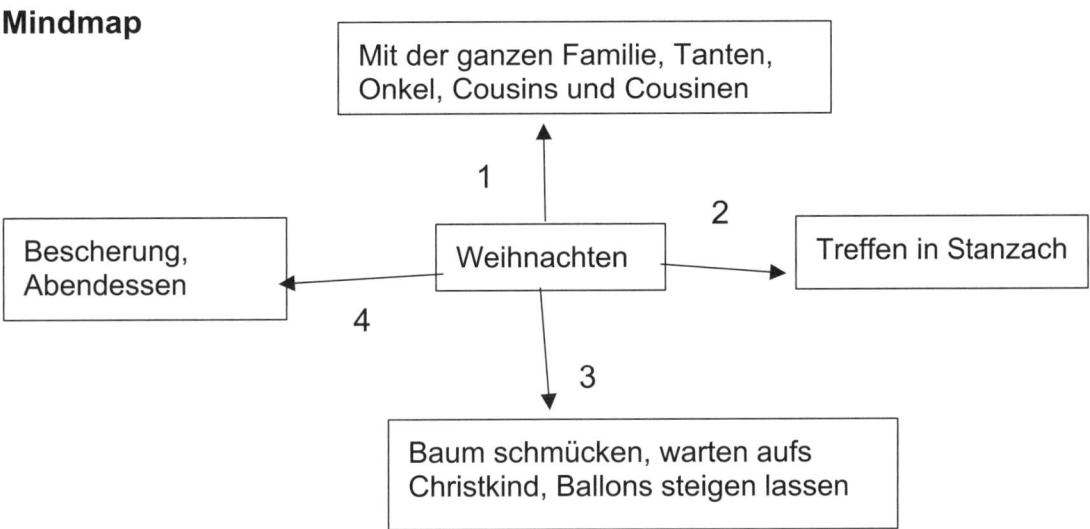

Ein wunderbares Weihnachtsfest

Ein paar Tage vor **Weihnachten** habe ich meine Geschenke für die Familie und Freunde **heimlich eingepackt**. Niemand hat davon gewusst oder etwas bemerkt.

Unsere ganze Familie traf sich am 24. Dezember mittags in unserem Ferienhaus in Stanzach. Alle waren da: Onkel Klaus mit Tante Jos und ihren Töchtern Rebecca und Annabelle. Tante Anita und Onkel Wolfgang mit ihren Söhnen Nicolai und Miguel, sowie meine Tante Anna und ihr Sohn Raphael und natürlich meine liebe Oma.

Meine Erwartungen waren sehr groß. Onkel Klaus stellte den riesigen **Christbaum** auf, den mein Papa einige Tage zuvor besorgt hatte. Da uns Kindern langweilig war, halfen wir den Christbaum zu schmücken, normalerweise macht Mama das ganz alleine. In diesem Jahr behängten wir den Baum mit rotem und goldenem Baumschmuck.

Damit die Zeit schneller verging, bauten wir erst einen Schneemann und gingen dann zum Rodeln. Als wir zurückkamen, war das Christkind immer noch nicht da gewesen und wir gingen gemeinsam in die Kirche. Auf dem Rückweg von der Kirche kam mir plötzlich ein schrecklicher Gedanke und ich fragte in die Runde: „Was, wenn das Christkind gar nicht weiß, dass wir in diesem Jahr in Stanzach sind? Es ist ja schließlich das erste Mal, dass wir hier sind."

Meine Mama beruhigte mich und erklärte uns, dass das Christkind immer weiß, wo es seine Geschenke hinbringen muss. Schließlich hatte meine Tante noch eine Überraschung für uns. Sie erklärte uns: „Ich habe Wunsch-Ballons mitgebracht. Wer möchte, schreibt einen Gruß oder einen Wunsch auf einen Zettel und hängt diesen an seinen Ballon." Jeder von uns bekam Zettel und Ballon. Ich hatte noch nie zuvor solche Ballons gesehen. Sie hatten einen Umfang von einem knappen Meter.

Es waren auch keine klassischen Luftballons, sondern eine Art Miniatur-Heißluftballons, die mit einem kleinen Brennstoff gezündet werden. Aus Sicherheitsgründen darf man diese nicht in der Nähe von einem Wald steigen lassen. Wir gingen also zum freien Feld etwas entfernt von unserem Haus und ließen gleichzeitig alle Ballons steigen.

16 Ballons flogen gen Himmel und da es schon langsam dunkel wurde, sah man die Ballons wunderbar am Himmel leuchten. Wir konnten die Augen nicht von den Ballons lassen und beobachteten diese eine ganze Weile und vergaßen dabei komplett die Zeit.

Als wir wieder ins Haus gingen rief meine Cousine: „Es war da! Es war da! Das Christkind – es war da!"

Ich sah zum Baum und dachte: „Es war da, Gott sei Dank - es hatte uns gefunden."

Zahlreiche bunte **Päckchen** lagen unter dem Baum und ich dachte: „**Hoffentlich** gibt es auch für mich die Dinge, die ich mir gewünscht habe."

Wir sangen noch ein paar **Lieder** und endlich hatte die **Qual** ein Ende - wir durften die Geschenke **auspacken**. Während wir Kinder über unsere Geschenke herfielen, machte mein Papa einige Fotos und meine Mama deckte den Tisch mit hellen Kerzen, goldenen Kugeln und verschiedenen **Nüssen**.

Wenig später saß die ganze Familie **friedlich** beim Abendessen zusammen.

Ich war unglaublich glücklich. Fast alle meine Wünsche hatten sich erfüllt.

Wie jedes Jahr dachte ich: „Es war das schönste Weihnachten, das ich je erlebt habe."

Anmerkung: Aus Tierschutzgründen sind diese Ballons mittlerweile in Deutschland verboten.

8.1.3 Faschingsgeschichte

Arbeitswörter zum Thema Fasching:

Fasching, Spiegel, Clown, ungefähr, bestimmt, passen, probieren, nähen, stolz, Kostüm

Ein ungewöhnliches Kostüm

„Endlich wieder die fünfte Jahreszeit – **Fasching**!", dachte ich als ich an einem kalten, sonnigen Freitag im Februar aufwachte. „Übermorgen gehe ich auf das tollste Faschingsfest im Jahr und ich möchte unbedingt das wunderschöne Prinzessinnenkleid vom letzten Jahr anziehen", überlegte ich mir, während ich zu Mama in die Küche lief. „Mama, wo ist denn mein Faschingskostüm?", fragte ich, als ich unten war. „Welches denn? Das vom letzten Jahr ist sicher schon zu klein!"; antwortete Mama. „Nein, nein, es **passt bestimmt**! Wo ist es denn?", drängelte ich. Mama deutete auf die Faschingskiste. Tatsächlich, als ich die Truhe öffnete, lag mein Traumkleid gleich oben auf. Ich zwängte mich hinein und lief zu Mama. Freudestrahlend meinte ich: „Sieh nur, Mama, es **passt**!" Als ich mich bückte, um meine Schuhe anzuziehen, machte es „RATSCH" und das Kleid war gerissen.

Ich war todunglücklich und fing an zu weinen. Mama versuchte mich zu trösten. „Wir **nähen** dir ein neues Kleid, Liebes." Verzweifelt antwortete ich: „Aber der Ball ist doch schon übermorgen." Mama versicherte mir: „Wir schaffen das!", und drückte mich fest an sich. Ich vertraute ihr und sie nutzte jede freie Minute, um an meinem Gewand zu nähen und zwei Tage später war es genau rechtzeitig fertig und Mama rief mich **stolz** zu sich. Voller Erwartung lief ich zu ihr und erschrak beim Anblick des **Kostüms**. „Was ist das? Bestimmt kein Prinzessinnenkleid", fuhr es mir durch den Kopf. Widerwillig **probierte** ich das Kleid und beim Blick in den **Spiegel**, wollte ich es sofort wieder ausziehen. Erwartungsvoll fragte Mama: „Und - gefällt dir dein Gewand?" Ich musste daran denken wie viel Mühe sich meine Mutter in den letzten zwei Tagen gegeben hatte und antwortete: „Ist ganz nett, danke Mami!" Jetzt freute ich mich überhaupt nicht mehr auf den Ball, aber ich wollte meine Mutter nicht enttäuschen, also zog ich das Kleid an und Mami schminkte mich. Kurze Zeit später traf ich meine Freundin Jana auf dem Fest. Sie sah toll aus, wie eine echte Traumprinzessin. Trotz meiner komischen Kleidung hatte ich viel Spaß auf dem Ball. Plötzlich drückte mir eine mir fremde Frau einen Zettel mit einer Nummer in die Hand und meinte: „Komm bitte gleich zur **Kostüm**prämierung auf die Bühne!" Ich war so verblüfft, dass ich keinen einzigen Ton herausbrachte.

Ungefähr fünf Minuten später stand ich auf der Bühne, als es hieß: „Den dritten Platz bekommt das schönste **Clown**skostüm - die Nummer sieben, hierfür gibt es einen Kinogutschein für zwei Personen." Ungläubig sah ich auf meinen Zettel, Nummer sieben, das war ich. Während alle im Saal klatschten, ging ich auf die Dame zu, reichte Ihr meinen Zettel und holte mir meine Gutscheine ab. Platz Nummer eins machte eine grüne Raupe, sie bekam Karten für Roncalli und Platz Nummer zwei wurde ein kleiner Mozart, der Karten für den Zoo gewann. Meine Freunde gratulierten mir und wir hatten noch viel Spaß bis Mama uns abholte.

Als sie schließlich kam, sprang ich ihr freudig in die Arme und rief: „Danke, Mama. Ich habe den dritten Platz für das schönste Clownskostüm gemacht und zwei Kinogutscheine gewonnen." Mama freute sich für mich und wunderte sich: „Wieso Clownskostüm? Egal, Hauptsache du hattest Spaß."

Wenig später, nachdem ich mich abgeschminkt und gegessen hatte, fiel ich todmüde ins Bett und dachte mir: „Nächstes Jahr soll Mama mir wieder ein Prinzessinnenkleid nähen, vielleicht werde ich dann wieder der schönste **Clown**!"

8.1.4 Erlebniserzählung: Thema Medien

Thema: Medien und deren Gefahren – 5. Klasse - Beispielaufsatz

Eine neue Welt

Nach meinen Hausaufgaben lief ich etwas durch die Straßen, um mir noch ein Eis zu holen und mich mit meinen Freunden auf „What's app" zu unterhalten.

Sie berichtete davon, wie schön es bei Ihr im Urlaub war und was sie alles unternommen hatte.

Doch ich musste zu Hause bleiben. Dieses Jahr konnten meine Eltern nicht wegfahren. Mein Opa war im Krankenhaus.

Ich war so vertieft in mein Handy und den „Chat" mit meiner Freundin, dass ich meine Umwelt gar nicht mehr mitbekam. Sie erzählte mir von einem Abend und einer Strandparty in Italien und ich wünschte ich wäre dabei gewesen.

Die lauten Straßenarbeiten nahm ich gar nicht wahr, denn ich wollte nur wissen, was alles passiert ist an diesem Abend.

Ich tippte schnell meine Texte ein und freute mich über die Antworten meiner Freundin. Um mich herum sah ich gar nichts, bis ich über einen Pflasterstein stolperte und auf dem Boden fiel.

Zu meinem Pech wurde der Gullydeckel verschoben und meine Brille rutschte von meiner Nase und flog schnurstracks in den Gully.

„Oh nein! Meine neue Brille!", stöhnte ich. Nun schaute ich nach unten. Obwohl ich alles nur verschwommen sah, erkannte ich die Umrisse und… und…was sah ich da?

Ich konnte es gar nicht glauben, aber es konnte auch nichts anderes sein: Neben meiner Brille saß ein dicker Frosch mit einer blinkenden Krone auf seinem Kopf. Träumte ich? Lag es daran, dass ich auf den Kopf gefallen war?

Als wäre da nicht genug Aufregung gewesen, fing er dazu noch auf einmal an mit mir zu sprechen: „Da siehst du, quak, wie gefährlich es ist, im Straßenverkehr nicht aufzupassen, quak, und nur in sein Handy zu schauen! Außerdem quak, ist es ein wunderschönes Wetter und es ist viel zu schade, dass nicht zu genießen! Du solltest lieber ein Eis essen und in die Welt schauen, statt auf dein dummes Handy!"

Mein Kopf tat von dem Aufprall verdammt weh und ich dachte nur das könne doch alles nicht sein, aber dennoch flüsterte ich mit letzter Kraft: „Bring mir die Brille, bitte! Ich sehe gar nicht richtig". Da sprang er hoch mit meiner Brille: „Ich mach das nur, quak, wenn du mir versprichst nie wieder auf der Straße in dein doofes Handy zu glotzen, quak und fang an dein Leben wahrzunehmen, denn du hast nur eins! … quak!"

„Jaja...," musste ich versprechen, obwohl es mir nicht leichtfiel. Ich war so verwundert, dass ich alles versprochen hätte und auch war ich ein bisschen verzaubert, wie ein Frosch zu mir sprechen konnte. Ob das alles wahr war oder ob ich träumte?

Plötzlich wurde mir schwindelig und alles wurde schwarz. Mir wurde schlecht, heiß und der Schweiß lief mir von der Stirn. Dann weiß ich gar nicht mehr, was passierte.

Kurze Zeit später öffnete ich langsam meine Augen. Alles, was ich sage, war der blaue Himmel und die scheinende Sonne. Ich hörte ein leises Vogelgezwitscher. Ich sei die ganze Welt mit anderen Augen! Langsam rappelte ich mich wieder auf und sah meine Brille, die neben dem Gully lag.

8.1.5 Erlebniserzählung:

Themen:
- Wie komme ich hier wieder raus?
- Allein im Dunklen
- Mit Tieren kann man viel Spaß haben
- Auf dem Oktoberfest
- Im Sturm
- Griechenland, ich komme
- Land unter

Der Beweis für das Erwachsensein (Thema: Allein im Dunklen)

„Ich schaff das schon!", beruhigte ich meine Eltern. Meine Mutter hatte heute Geburtstag und Papa wollte mit ihr zusammen in ein Restaurant gehen. Das wollte ich nicht verhindern. Schließlich war ich alt genug. Meine Eltern waren schon ewig nicht mehr alleine Zum Essen ausgegangen und ich wollte beweisen, dass ich nun erwachsen sei. Ich wollte meiner Mutter ein kleines Geburtstagsgeschenk damit machen. Meine Eltern sollten auch einmal etwas alleine unternehmen können. Außerdem wollte ich zu Opa und bei ihm schlafen. Er ist definitiv das lustigste Familienmitglied. Immer hat er einen Witz oder eine nette Geschichte auf Lager. Als meine Eltern weg waren, stürmte ich los. Die Strecke war ich schon oft tagsüber gelaufen, aber trotzdem war es schon ein bisschen gruselig, als ich am Rand des Waldes auf einer wenig befahrenen Straße lief. Auch wenn ich den Weg gut kannte, im Dunklen sah alles etwas anders aus. Aber ich dachte mir: „Was kann schon passieren?"

Ich pfiff ein Lied zu meiner Beruhigung. Doch plötzlich sah ich zwischen den Bäumen eine weiße Gestalt vorbeihuschen. Ich schrie ganz laut: „Aaaahhh!"
„Was mag diese Gestalt bloß von mir wollen?", fragte ich mich. Mich vielleicht überfallen? Entführen? Noch Schlimmeres? Das Blut gefror in meinen Adern und mein Herz schlug so schnell wie noch nie in meinem Leben! Hinzu kam, dass ich mich vor Schreck nicht mehr bewegen konnte!
Ich sprach zu mir selbst: „Es ist alles gut, geh einfach schnell weiter." Doch es half nichts. Ich war wie festgefroren. Ich rief laut: „W…Wer bist du? Und... Was willst du?"
Ich sah die Gestalt noch einmal kurz hinter einem Baum. Ich konnte sie nicht genau erkennen, es war schon zu dunkel. Ich wusste nicht, was ich tun sollte. Verstecken? Rennen? Aber was, wenn meine Füße nicht mehr wollen? Sie waren wie festgefroren. Da erinnerte ich mich an meinen Opa. Er sagte immer: „Wenn du ein Problem hast, atme erst einmal tief durch." Genau das tat ich. Plötzlich funktionierten meine Füße wieder. Daraufhin rannte ich blitzschnell bis zum Ende der Straße. Ich rannte, so schnell mich meine Füße tragen konnten. Endlich sah ich das Haus von meinem Opa. Es war geschafft! Ich klingelte Sturm. Als er mir öffnete, flitzte ich schnell ins Haus. Er schloss die Tür und folgte mir. Im Wohnzimmer nahm er mich erst einmal in die Arme und fragte: „Kind, du bist ja ganz aufgelöst! Was ist denn passiert?" Ich flüsterte ihm zu: „Ich bin erwachsen geworden."
Sofort machte er mir eine heiße Schokolade und setzte sich mit mir aufs Sofa. Nun war ich sicher und ich fühlte mich geborgen. Dann sagte er: „Na dann erzähl mal!"

Dieser Tag war der wichtigste in meinem Leben. Es war zwar nicht der schönste, aber nun war ich erwachsen. Doch was war das im Wald? Das würde ich wohl nie erfahren!

8.2   Der Erzählkern

Ausgestaltung eines Erzählkerns

Es gibt verschiedene Möglichkeiten einen Erzählkern festzulegen.
Es kann ein kompletter Text gegeben sein, den du mit eigenen Worten in eine spannende Erzählung umwandeln sollst.

Es kann aber auch nur ein Anfang oder ein Schluss gegeben sein und du denkst dir einen spannenden Hauptteil dazu aus.

Die Ausgestaltung eines Erzählkerns folgt den Regeln der Erlebniserzählung.

➢ Einleitung

➢ Hauptteil: W-Fragen beachten, sinnvolle Reihenfolge der Handlung, Höhepunkt

➢ kurzer Schluss

Lies dir die Textvorlage aufmerksam durch und markiere alle wesentlichen Punkte. Auch hier ist es sinnvoll seine Gedanken und die Reihenfolge, in der die Ereignisse stattfinden, zunächst mithilfe eines Schreibplans oder eines Mindmaps festzuhalten. Bei der Ausgestaltung darf und sollst du deiner Phantasie freien Lauf lassen, aber die Geschichte muss stets glaubhaft bleiben.

Um die Geschichte spannend zu gestalten, verwende viel wörtliche Rede, wechselnde Satzanfänge, treffende Adjektive und ausgewählte Verben.

Häufige Fehler:

➢ Nicht alle gegebenen Fakten werden in die Geschichte eingebaut.

➢ Bei Vorlage eines Zeitungsberichtes wird oftmals der sachliche Erzählstil übernommen ohne Spannung auszubauen.

➢ Einteilung in Einleitung, Hauptteil und Schluss inklusive sinnvoller Absätze wird nicht eingehalten.

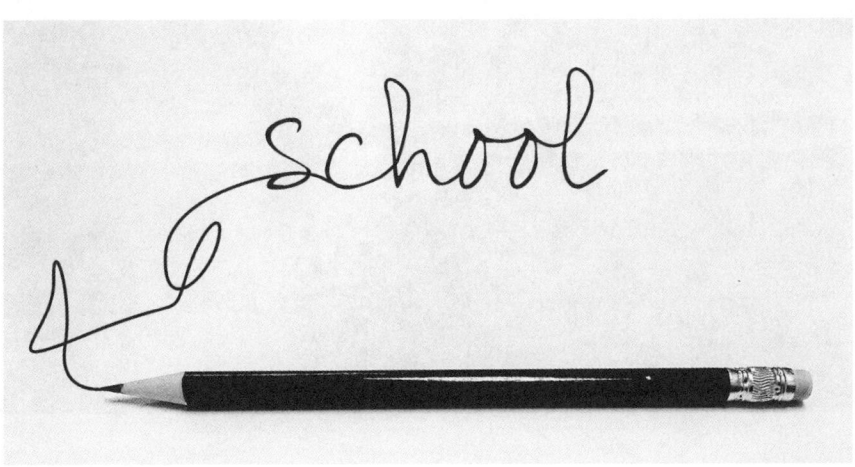

8.2.1 Ausgestaltung eines Zeitungsberichtes

Aufgabe:

Gestalte die nachstehende Zeitungsmeldung zu einer spannenden Erzählung aus.

Vergleiche im Anschluss mit der Beispiellösung.

Einbruch in Villa – Zwölfjähriger verjagt mit seinem Hund die Einbrecher

Gestern Abend wurde die Einbruchserie in Bogenhausen fortgesetzt. Dank eines aufmerksamen und couragierten Jungen und seines Hundes konnten die Einbrecher verjagt werden, ohne dass etwas abhandenkam. Die Täter machten sich gerade an der Terrassentüre der Villa in München-Bogenhausen zu schaffen, als der zwölfjährige Walter M. seinen Hund ausführte. Der Hund fing zu knurren an und riss so heftig an der Leine, dass der Junge die Leine losließ. Der Hund rannte auf die Einbrecher zu und jagte ihnen einen solchen Schrecken ein, dass diese ihr Tatwerkzeug zurückließen und auf der Stelle den Tatort verließen.

Der aufgeweckte Junge, der die Situation sofort erfasste, rief umgehend die Polizei, welche kurze Zeit später bereits die Spuren sichern konnte. Die Polizei geht aufgrund des Tathergangs von Serientätern aus, die in dem letzten halben Jahr bereits mehrere Millionen Euro erbeuteten.

München, 17.05.2019

Mein Superheld

Am Samstagnachmittag traf ich mich mit meinen Freunden seit langer Zeit erstmals wieder zum Fußballspielen auf der Wiese im Park. Endlich war es Frühjahr und wir konnten wieder draußen spielen. Wir hatten so viel Spaß, dass wir völlig die Zeit vergaßen.

Als ich das erste Mal auf die Uhr sah, erschrak ich und dachte: „Mist, ich muss doch noch Bella ausführen." Schnell verabschiedete ich mich von meinen Freunden, denn es dämmerte schon und ich sollte bereits seit einer halben Stunde zu Hause sein, um unseren Hund bei Helligkeit auszuführen.

Noch gar nicht richtig durch die Tür, schimpfte Mama schon los: „Hallo Walter, welche Ausrede hast du heute? Du kannst gleich wieder rausgehen, Bella wartet schon!"

Mein Hund sprang mich gleich freudig an und wedelte heftig mit dem Schwanz. Kleinlaut entschuldigte ich mich, nahm die Leine und rief: „Komm Bella, du darfst raus!"

Inzwischen war es bereits dunkel und ich entschied mich für eine kurze Runde durch den Park. Es war kaum mehr jemand auf der Straße und ich dachte: „Mama hat schon recht, im Park ist es um diese Zeit bereits ziemlich dunkel." Bella lief frei herum und ich pfiff nach ihr, da ich mich nicht wohlfühlte und schnell wieder aus dem Park raus wollte. „Braver Hund!", lobte ich das Tier, sobald es neben mir war und streichelte es. Ich nahm sie an die Leine und wir verließen den dunklen Park, um lieber durch die beleuchteten Straßen zu gehen. Als wir in die Nähe des Hauses von Freunden kamen, fing mein Hund an zu knurren. Ich wunderte mich: „Komisch, normalerweise freut Bella sich, wenn sie Freunde erkennt?" Je näher wir an das Haus kamen, desto heftiger knurrte der Hund. Ich vernahm mehrere dunkle Gestalten im Garten, als sich Bella losriss und bellend auf diese zu rannte.

Immer noch total arglos, versuchte ich sie zurückzurufen. Schließlich erkannte ich, dass es sich nicht um unsere Freunde handelte, die sich im Garten aufhielten und so plötzlich davonrannten. Mir rutschte das Herz in die Hose und ich stand bereits vor dem Eingangstor der Villa, als zwei Gestalten aus dem Garten kommend mich grob umstießen, so dass ich zu Boden fiel. „Verdammt, das sind Einbrecher!", schoss es mir durch den Kopf. Bella eilte zu mir und schleckte mein Gesicht ab. „Du bist mein Held, Bella", lobte ich meinen Hund. Mit zitternden Händen wählte ich den Notruf, um den Einbruchsversuch zu melden. Die Stimme am anderen Ende der Leitung bat mich um die Adresse, mahnte mich nichts anzufassen und fragte, ob ich noch circa fünf Minuten am Tatort verbleiben könnte, um persönlich mit den eintreffenden Beamten zu kommunizieren.

Ich versprach zu warten. Während der Wartezeit rief ich zu Hause an und erklärte alles meinen Eltern. Zwei Minuten später standen meine Eltern neben mir und nach exakt fünf Minuten trafen auch die Beamten ein, welche mich als erstes für meinen Mut lobten.

Ich berichtete wie Bella die Einbrecher heldenhaft verjagt hatte. Der Einsatzleiter erklärte uns: „Wir haben seit Längerem in dieser Gegend immer wieder Einbrüche. Wir gehen von Serientätern aus, die im letzten halben Jahr bereits mehrere Millionen Euro erbeutet haben. Da sie ihr Tatwerkzeug haben liegen lassen, hoffen wir auf weitere Erkenntnisse." Schließlich informierten meine Eltern noch unsere Freunde und sobald alles besprochen war, machten wir uns auf den Heimweg. Zu Hause bekam Bella zur Belohnung noch eine dicke Wurst.

8.2.2 Ausgestaltung eines vorgegebenen Erlebnisses I

Baue folgenden Erzählkern zu einer Geschichte aus!

Während eines Ausflugs auf Mallorca besuchst du mit deiner Familie eine Tropfsteinhöhle. In der Höhle entfernst du dich mit deinem Bruder oder deiner Schwester von der Gruppe. Plötzlich seid ihr tief in der finsteren Höhle. Angst und Verzweiflung befallen euch. Schließlich wird eure Abwesenheit entdeckt und eine Suchaktion eingeleitet. Ihr werdet gefunden. Allgemeine Erleichterung, freudiges Wiedersehen.

8.2.3 Ausgestaltung eines vorgegebenen Erlebnisses II

Baue folgenden Erzählkern zu einer Geschichte aus!

**Beim Spielen im Wald entdeckten Peter und Paul Blutspuren. Als sie diesen folgten, trafen sie auf einen verletzten Wolfshund.
Sie nahmen das Tier mit und brachten es zum Tierarzt.
Die Buben besuchten ihn täglich und freundeten sich mit ihm an, bis dieser wieder ausgesetzt werden konnte.**

8.2.4 Lösungsbeispiele - Ausformulierung eines Erzählkerns:

Verloren in der Tropfsteinhöhle

In den letzten Ferien sind meine Eltern mit meinem Bruder und mir für vierzehn Tage nach Mallorca geflogen. Wir hatten ein kleines Haus mit eigenem Pool gemietet und Papa freute sich darauf endlich den Alltag hinter sich zu lassen und mehr Zeit mit uns zu verbringen.

Nachdem wir uns einige Tage am Pool erholt hatten, beschlossen unsere Eltern einen Ausflug in die Drachenhöhle, eine Tropfsteinhöhle bei Porto Christo, zu machen. Um Wartezeiten zu vermeiden, hatten wir die Karten bereits online gebucht. Nach einer circa 25-minütigen Fahrt, kamen wir endlich an und durften dank unserer Onlinekarten auch gleich durch, ohne anzustehen.

Mir blieben vor Staunen die Augen auf. Es war gigantisch, angenehm warm und die Luftfeuchtigkeit war sehr hoch. Ich hatte sowas noch nie zuvor gesehen. Der Fremdenführer berichtete sehr spannend: „Die Höhle ist bereits seit dem Mittelalter bekannt. Die Temperatur im Inneren dieser Höhle beträgt ganzjährig ungefähr 21° Celsius bei einer Luftfeuchtigkeit von circa 80 Prozent. Die von der Decke hängenden Tropfsteine nennt man Stalaktiten. Diese wachsen nur etwa einen Zentimeter in 100 Jahren." „Wow", dachte ich mir, „das heißt, dass die Höhle sehr viele hundert Jahre alt sein muss."

Die Höhle war gut beleuchtet und als wir weitergingen, erschien plötzlich ein unterirdischer, wunderschön ausgeleuchteter See. Auf einmal hörte man klassische Musik und eine Gondel mit einem Orchester tauchte aus dem Nichts auf. Das Publikum verstummte. Mein Bruder Marc stupste mich an und meinte: „Komm wir schauen mal alleine weiter." Ich folgte ihm, ohne weiter nachzudenken.

Wir gingen tiefer in die Höhle und bestaunten mit offenem Mund die Masse an Tropfsteinen. Marc rief: „Wahnsinn, so eine Höhle habe ich noch nie gesehen!" Plötzlich wurde es immer dunkler, auf einmal gab es überhaupt keine Lichter mehr und auch die Musik war nicht mehr zu hören. Wir hatten den Hauptpfad verlassen und vor lauter Staunen nicht wahrgenommen, dass wir uns außerhalb der Sichtweite unsere Gruppe befanden. Verängstigt frage ich: „Marc, wo sind wir? Ich kann gar nichts mehr sehen." Er versuchte mich zu beruhigen: „Kein Problem, wir drehen um. Ich weiß schon wo es hingeht!" „Na, hoffentlich!", dachte ich mir und nahm seine Hand.

Nach einer gefühlten Ewigkeit wurde es immer noch dunkler und kühler, die Finsternis ängstigte mich immer mehr und ich spürte, dass Marcs Hände immer feuchter wurden. Ich glaube, auch er hatte Angst, aber ich wagte nicht, ihn darauf anzusprechen. Ich fing leise an zu wimmern und Marc nahm mich in die Arme und versuchte mich zu trösten: „Du musst keine Angst haben, Clara. Wir finden schon wieder raus."

„Mir ist so kalt. Haben wir uns verloren, ich meine verlaufen?", schluchzte ich und fing nun richtig an zu weinen.

„Können wir nicht Mama und Papa anrufen?", bettelte ich.

„Daran habe ich schon gedacht, aber ich habe hier leider kein Netz", antwortete Marc, während er seinen Pulli auszog und ihn mir reichte.
Er drückte mich noch einmal ganz fest und sagte: „Komm, wir schaffen das! Ich bin doch bei dir."
Marc schaltete die Taschenlampe seines Handys ein. Mit seinem warmen tapfer weiter an seiner Hand.

Plötzlich hörten wir stimmen. Ich hatte den Eindruck unsere Namen zu hören als Marc fragte: „Hörst du das auch?". Strahlend rief ich: „Ja, ja, sie suchen uns, sie rufen unsere Namen." Marc zeigte in eine Richtung rechts von uns und meinte: „Es kommt von dort. Lass uns in diese Richtung gehen." Die Stimmen wurden immer klarer und bald konnte man unsere Namen ganz deutlich vernehmen: „Clara! Marc!" Immer wieder hörten wir unsere Namen.

In der Hoffnung irgendjemand könnte uns hören, fing auch ich an zu rufen: „MAMA! PAPA!"

Langsam wurde es heller und plötzlich sah ich einen dicken Lichtstrahl durch eine Öffnung scheinen. „Marc, sieh nur dort!", rief ich voll neuer Energie. Wir folgten dem Lichtstrahl und plötzlich standen wir wieder vor dem kleinen, wunderschön erleuchteten See. Wir schauten uns um und versuchten unsere Eltern zu erblicken. „Da!" schrie Marc und deutete nach rechts. „Mama! Papa! Hier sind wir!"

Sofort sahen beide in unsere Richtung. Wir fingen an zu laufen und auch unsere Eltern rannten auf uns zu. Sie streckten ihre Arme aus. Ich sprang Mama in die Arme, sie küsste mich immer wieder auf die Stirn und erdrückte mich fast. Papa drückte Marc so fest an sich, dass dieser rief: „Papa, ich bekomme keine Luft!" Ohne dass wir es gemerkt hatten, waren wir vom Rest der Gruppe umringt und plötzlich fingen alle an zu klatschen.

Überglücklich wieder vereint zu sein, lud uns Papa auf ein riesiges Eis am Strand ein und wir erzählten, wie alles passiert war. Den Rest des Urlaubs ließen uns unsere Eltern leider kaum noch aus den Augen.

Eine neue Freundschaft

Peter und Paul sind zwei sehr aufgeweckte Elfjährige und dicke Freunde, die den Großteil ihrer Freizeit gemeinsam verbringen. Vor einigen Wochen waren sie an einem herrlichen, sonnigen Samstagnachmittag mal wieder beim Spielen im Wald, als Peter ungewöhnliche rote Spuren entdeckte.

Peter rief seinen besten Freund herbei: „Paul, schnell, komm her!" Erschrocken von der Heftigkeit in Peters Stimme rief Paul: „Ich komme, ist was passiert?" Als er die Flecken sah, rief er: „Oh Gott, was ist passiert? Hast du ich verletzt? Wo blutest du?"

„Nein, nein, mir fehlt nichts. Meinst du wirklich, dass das Blut ist?", fragte Peter.

Paul fasste in die rote Substanz, verrieb diese zwischen den Fingern, um anschließend an diesen zu riechen und festzustellen: „Mit Sicherheit! Wer weiß, was hier passiert ist. Vielleicht ein schlimmes Verbrechen oder ein grausamer Mord?" Peter musste lachen. „Du mit deiner Phantasie."

Er schlug vor den Spuren zu folgen. „Aber leise, wer weiß, vielleicht ist der Mörder noch da. Das Blut ist sehr frisch." Vorsichtig folgten sie der roten Blutspur. Sie liefen tiefer und tiefer in den Wald und plötzlich hörten sie ein leises Winseln. Die Buben blieben sofort wie erstarrt stehen. Beide dachten: „Es war bestimmt etwas Schreckliches passiert." Peter wagte als Erster wieder zu reden: „Komm, wir müssen weiter, vielleicht können wir noch jemandem das Leben retten." „Meinst du nicht, wir sollten lieber Hilfe holen?", fiel Paul ein. „Nein, das dauert viel zu lange. Komm jetzt!"

Auf Zehenspitzen folgten die Beiden den Spuren. Sie wussten, sie waren auf dem richtigen Weg, denn das Gewinsel wurde immer lauter. Schließlich waren keine Blutspuren mehr zu erkennen und auch Nichts mehr zu hören. Sie blieben stehen, drehten sich im Kreis – nichts. Paul hob die Schultern und meinte: „Und nun?" „Hm, keine Ahnung?"

Plötzlich war das Gejammer wieder da. Peter schob ein paar Äste eines Busches zur Seite und sah in zwei ängstliche, rehbraune Augen. Erleichtert flüsterte er: „Es ist ein Wolf, ich glaube er ist verletzt." Paul holte eine Wurst aus seinem Rucksack und versuchte den Wolf damit herauszulocken. Es dauerte nicht lange und ein verängstigter, kleiner Wolfshund kam zum Vorschein. Vorsichtig roch er erst an der Wurst, um dann gierig hineinzubeißen. Als die Wurst verschlungen war, fing das Tier an erst Pauls Hände abzulecken und dann seine blutende Wunde zu lecken. Peter und Paul sahen sich in die Augen und entschieden den Verwundeten mitzunehmen.

In ihrem Rucksack hatten sie neben ihrer Brotzeit immer ihre Notausrüstung dabei: Handy, Taschenlampe, Taschentücher, Verbandszeug, Heftpflaster und ein langes Seil. Die Buben verbanden die Wunde ein wenig dilettantisch und freuten sich, dass endlich auch das Seil mal zum Einsatz kam. Peter legte dieses dem Wolfshund vorsichtig um den Hals und führte so das Tier wie an einer Leine aus dem Wald.

Peter fragte: „Wollen wir ihm einen Namen geben – vielleicht Lupo?" Paul antworte: „Lupo – der Wolf – das ist ein cooler Name. Ist eure Nachbarin nicht Tierärztin?" „Ja, klar! Du hast recht - Andrea ist Tierärztin, die kann uns sicher helfen", erwiderte Peter.

Das neue Ziel war eindeutig - schnurstracks liefen die Kinder zu Andrea. Sie läuteten Sturm und waren erleichtert, als sie endlich die Tür öffnete. Professionell versorgte Andrea die Wunde, während die Jungen erzählten, was passiert war.

Als die Ärztin mit ihrer Arbeit fertig war, erklärte sie, dass sie das Tier ein paar Tage zur Beobachtung noch bei sich behalten würde, bevor sie es wieder aussetzen müssten. Paul fragte sofort: „Dürfen wir Lupo besuchen?"

Andrea lächelte und lobte die Buben: „Ihr habt das echt toll gemacht mit Lupo und natürlich dürft ihr ihn besuchen. Aber - nächstes Mal ruft ihr bitte doch lieber den Jäger oder die Polizei bevor ihr die Helden spielt. Man kann nie wissen, ob ein Tier krank ist. Auch der Wolfshund ist ein wildes Tier und ein Biss kann sehr gefährlich sein."

Mit gesenktem Blick und schlechtem Gewissen, verließen Peter und Paul das Haus, während sich beide dachten: „Ist doch gut gegangen."

Die nächsten vier Nachmittage verbrachten sie gemeinsam bei Andrea, um mit Lupo zu spielen. Die Drei hatten viel Spaß miteinander und waren ziemlich beste Freunde geworden. Als der Tag kam, an dem Lupo wieder ausgesetzt werden sollte, hielten sich beide Buben sehr tapfer. Sie führten Andrea und Lupo genau zu der Stelle, an der sie das Tier zum ersten Mal entdeckt hatten und lösten es von der Leine.

Sie flüsterten Lupo zu: „Wir besuchen dich, Lupo, wann immer es geht. Vergiss uns nicht." Kleine Tränen kullerten über ihre zarten Gesichter, die von jedem verstohlen weggewischt wurden. Alle Drei verabschiedeten sich von Lupo und starteten Richtung Dorf. Jedes Mal, wenn sich jemand umdrehte, war Lupo jedoch knapp hinter ihnen. Schließlich sagte Andrea sehr bestimmt: „So geht das nicht! Ihr geht jetzt weiter ins Dorf und ich kümmere mich um Lupo."

Am nächsten Tag hatten sich Peter und Paul nach der Schule sofort über ihre Hausaufgaben hergemacht. In Rekordzeit waren diese absolviert und ab ging es in den Wald, genau zur verabredeten Stelle. Lupo wartete schon. Wann immer die Zwei Zeit hatten, liefen sie zu Lupo. Falls einer mal nicht konnte, ging der andere alleine zu Lupo und meistens war dieser schon da und wartete. Eines Tages aber war der Wolfshund nicht mehr da. Über Wochen liefen die Buben jeden Tag hin, keine Spur von Lupo. Peter und Paul gaben nicht auf, immer wieder liefen sie an dieselbe Stelle und irgendwann war er wieder da. Er war da, aber nicht mehr alleine. Paul meinte: „Das sind wohl Lupo, Lupine und Lupinchen!"

Die Jungen lachten. Sie verabschiedeten sich ein letztes Mal von Lupo und gingen nie wieder an diese Stelle. Sie freuten sich, dass Lupo jetzt eine eigene Familie gefunden hatte.

9. Die Bildergeschichte

Vorüberlegungen:

Zu Beginn und noch bevor du mit dem Schreiben startest, solltest du dir die Bilder ganz genau ansehen.

Mache dir ein paar Notizen zu dem, was zu sehen ist, und bemühe dich, sehr genau zu sein.

Überlege dir auch, was tatsächlich geschieht, und was nicht auf den Bildern zu sehen ist. Also mach dir Gedanken über die Geschichte außerhalb der Bilder.

Überlege dir, welchen Sinn die Geschichte hat.

Dann werde mit deinen Vorbereitungen etwas spezifischer:

- Wie soll der Handlungsstrang der Geschichte aussehen?
- Welche Bilder zeigen die Einleitung, den Hauptteil und den Schluss?
- Wie möchtest du die einzelnen Personen nennen?
- Stehen die Personen in einer Beziehung zu einander? Handelt die Geschichte von zwei Freunden, oder Mutter und Sohn, Opa und Oma? Kennen sich die Personen oder nicht?
- Stelle dir wieder die typischen W-Fragen:
  Die W-Fragen: Wer, was, wann, wo, wie, warum, weshalb?

1. Gib die Zeit und den Ort an, in der deine Geschichte spielt. (Wann/Wo)
2. Mache möglichst genaue Angaben, von wem oder was deine Geschichte handelt. (Wer)
3. Beim Höhepunkt geschieht etwas Unerwartetes. (Was)
4. Beschreibe die Folgen des Geschehens möglichst genau und baue viel

| wörtliche Rede, Gedanken und Gefühle ein. (Warum) |
| 5. Was ist das Ergebnis? |
| 6. Wie endet die Geschichte? (Schluss) |
| 7. Finde eine Überschrift, die passend ist und neugierig macht. |

- Überlege dir die Gründe für das Handeln der Personen.
- Mache dir Gedanken über den Zusammenhang der Geschichte (Warum? Wie? Wozu?).

Schreiben der Geschichte:

1. Einleitung:

Schreibe zu den Anfangsbildern der Einleitung eine kurze Einleitung. Bedenke dabei, dass die Einleitung und der Schluss kurz sind und der Hauptteil ausführlich.
Im Allgemeinen stellt man in der Einleitung die Personen (Protagonisten) vor. Auch kann man erwähnen, an welchem Ort die Geschichte spielt oder aber zu welcher Zeit.

Einige typische Einleitungssätze sind:

- An einem verschneiten Sonntagmorgen entschieden Luise und ich, mit meinem Hund in den Wald zu gehen.
- An einem gemütlichen Winternachmittag las uns Opa eine spannende Geschichte vor.
- In den letzten Osterferien fuhr ich mit meiner Familie nach Frankreich. Mein Vater hatte ein Segelschiff gemietet und wir wollten von Insel zu Insel segeln.

Folgende Fragen kannst du also unter anderem in deiner Einleitung beantworten:

- Um wen geht es? (z. B. Luise und mich)
- An welchem Ort spielt die Geschichte? (z. B. Frankreich)
- Zu welcher Zeit spielt die Geschichte? (z. B. letzte Osterferien)

Du kannst auch in der Einleitung bereits auf ein Problem, ein Geheimnis, oder aber einen Teil der Geschichte hinweisen:

- Hatten wir ein riesiges Problem.
- Erlebte ich die besten Ferien meines Lebens.
- Wiederfuhr mir etwas Schreckliches.
- Bekam ich einen Riesenschreck.
- Machte mich zum glücklichsten Menschen der Welt.

2. Hauptteil:

Der Hauptteil ist der längste Teil des Aufsatzes. Hier wird die eigentliche Geschichte erzählt. Probleme tauchen auf und müssen gelöst werden. Es wird erzählt, was passiert, was die Personen dabei empfinden, und welche neuen Schwierigkeiten dabei auftauchen.
Gegen Ende des Hauptteils - nach etwa zwei Dritteln der Geschichte - beginnt der

Höhepunkt, das große Finale. Hier ist die Spannung am größten.

Versuche deine Geschichte lebendig zu gestalten, und achte daher auf folgende Punkte:

- Finde eine passende Überschrift.
- Beschreibung der Personen und Charaktere.
- Verwendung von wörtlicher Rede. Denke daran, diese auch richtig zu kennzeichnen!
- Adjektive werden benutzt, um den Aufsatz bildhafter zu machen.
- Verbinde die einzelnen Bilder miteinander. Beschreibe auch was vor, zwischen und nach den Bildern geschieht.
- Versuche spannend zu schreiben, mit vielen Einzelheiten.
- Erzähle alle Details, die auf den Bildern zu sehen sind.
- Schreibe die Geschichte so, dass der Leser sie auch versteht, ohne die Bilder zu sehen.
- Beschreibe was die einzelnen Personen in deiner Geschichte denken, fühlen und tun.
- Achte auf unterschiedliche Satzanfänge.
- Versuche Wiederholungen zu vermeiden.
- Schreibe die Geschichte im Präteritum (ich ging, er sagte, sie liefen) oder in der Gegenwart (ich gehe, er sagt, sie laufen). Wechsle nicht die Zeitform in deiner Geschichte.
- Achte auf unterschiedliche Satzanfänge.

3. Schluss:

Im Schlussteil wird die Spannung beziehungsweise der Konflikt gelöst. Hier kann man erzählen, wie es den Personen mit der Geschichte ergangen ist oder wie sie sich nun fühlen. Der Schlussteil endet mit einem abschließenden Satz, der auch eine Botschaft übermitteln kann.

Diese Botschaft kann z. B. sein:

- Nie wieder werde ich so viel essen!
- Ich hätte nicht gedacht, dass Fahrradfahren so gefährlich sein kann.
- Ich war so glücklich, dass wir mit dem Schreck davon gekommen sind.
- In Zukunft werde ich mich vor Halloweengespenstern hüten!

Du kannst den Schlussteil aber auch beenden, indem du die Personen noch einmal über die Geschichte oder den Tag nachdenken lässt, und sie zu einem Fazit oder Ergebnis kommen.

- Müde legte sich Lisa ins Bett und dachte noch einmal über den aufregenden Tag nach.

- Gemeinsam fuhren sie nach Hause und waren so glücklich und stolz, dass Geheimnis gelüftet zu haben.
- Sie war so froh, dass alles noch einmal gutgegangen war. Das hätte auch ins Auge gehen können!
- Überglücklich warf er sich in den Sessel und dachte über diesen so ereignisreichen Tag nach.

4. Wenn du mit deiner Bildergeschichte fertig bist, prüfe folgende Punkte:

- Die Überschrift soll den Leser neugierig machen.
- Kontrolliere, ob du alles erzählt hast, was auf den Bildern zu sehen ist. Gibt es in deiner Geschichte auch alle Personen auf den Bildern? Hast du nichts und niemanden vergessen? Achte auch auf Details in den Bildern und versuche sie in deine Geschichte einzubauen.
- Du hast unterschiedliche Satzanfänge benutzt. Achte darauf, keine Wiederholungen zu haben.
- Kontrolliere, ob du alle Regeln eingehalten hast.

9.1   Beispiel Bildergeschichte

Alternative: Reizwortgeschichte 6. Klasse mit den Reizwörtern:
Nacht, Verabredung, Fahrrad, Mord, Besprechung, Unglück

Eine aufregende Nacht

Auch wenn ich erst 15 bin, so habe ich schon viel im Leben gelernt. Es gibt großes Unglück und es gibt Wunder. Große Unglücke sind Unfälle oder schwere Krankheiten wie Krebs, Mord oder Scheidungen. Bisher war ich vor großen Unglücken verschont und meine Eltern sind glücklich verheiratet. Auch, so denke ich mir, ist die Wahrscheinlichkeit eines großen Unglücks eher gering. Ein großes Wunder ist mir allerdings schon widerfahren, und zwar in Form meiner neuen Nachbarin, dem schönsten, hinreißendsten Mädchen der ganzen Stadt.

Vor zwei Jahren zog die grantigste Frau unserer Kleinstadt neben uns aus und das Wunder geschah: Marie zog ein. Nicht nur, dass sie wirklich schön war, nein sie war auch ausgesprochen nett. Sie hatte ein unbeschreibliches T-Shirt an, als ich sie das erste Mal sah, und sprach mit mir vom ersten Tag, als würde sie mich schon immer kennen. Hätte ich sie ansprechen müssen, würden wir uns sicherlich immer noch nicht begegnet sein. So waren wir mittlerweile die besten Freunde und ich hatte das Glück, meine Tage mit dem schönsten Mädchen zu verbringen. Heute Abend waren wir verabredet für ein nächtliches Abenteuer. Sobald es richtig dunkel war, wollte sie Steine an mein Fenster werfen.

Wie es immer so ist, an Tagen, an denen man etwas Besonderes vorhat, vergeht die Zeit besonders langsam. Die Schuluhr brach heute alle Rekorde. Ich versuchte sie nicht anzusehen, und der längste Zeitraum, den ich schaffte, war drei Minuten. Drei Minuten sind natürlich nichts, wenn man Stunden überbrücken muss, und so wurde das Warten auf das abendliche Treffen zur wahren Tortur. Der Sportunterricht heiterte mich noch etwas auf, und nach dem unendlich langen Abendessen konnte ich es kaum erwarten, meiner Familie eine gute Nacht zu wünschen. Das Haus wurde still und schon bald hörte ich die Steinchen von Marie am Fenster und kletterte hinaus. Marie war mit einer Taschenlampe bewaffnet und stand mit ihrem Fahrrad vor unserer Gartentür. Sie sah einfach umwerfend aus. Sie hatte neue Turnschuhe, die bei jeder Bewegung leuchteten, und so verfolgte ich auf meinem Fahrrad ihr Leuchten.

Wir fuhren zum Platz vor der Kirche, da wir aber in der verschlafensten Stadt der Welt leben, war kein Mensch zu sehen. Kein Mensch bis auf einen. Marie hielt an und leuchtete auf die Person, die am Brunnen saß. Sie rührte sich nicht. Während ich umdrehen wollte, legte Marie ihr Fahrrad ab und sagte nur: „Los geht's!" zu mir. Natürlich konnte ich als Mann nun nicht mehr umdrehen und folgte mutig den leuchtenden Schuhen. Sie strahlte den Herrn an und ich flüsterte: „Vielleicht hat er einen Rausch und wir lassen ihn lieber?". Aber Marie lief unbeirrt weiter, um sich alles aus der Nähe anzusehen. Die Taschenlampe machte nur sehr schlecht Licht und nur ein kleiner Kreis war erleuchtet. Marie stand nun schon fast vor dem Mann, als sie aufschrie: "Er blutet aus dem Mund!". Sie machte einen Satz zurück und landete fast in meinen Armen. Als wir auf den Boden sahen, stellten wir fest, dass sowohl Marie mit ihren Leuchtschuhen wie auch ich in einer Blutlache standen. Ich musste erfahren, dass ich bei großen Unglücksfällen handlungsunfähig war, denn ich stand einfach nur da.

„Vielleicht sollten wir ihn uns genauer anschauen?", wisperte sie.

„Nein, das sollten wir nicht, wir sollten nach Hause fahren, unsere Schuhe waschen und so tun als wäre nichts geschehen!"

„Ich weiß nicht", entgegnete Marie und meinte, man könnte doch mal gucken. Daraufhin machte sie einen Schritt auf den Mann zu. Ich nahm ihren Arm und zog sie zurück.

„Wir fahren", sagte ich lauter als geplant. Marie leuchtete noch einmal den Mann an und wir konnten beide erkennen, dass er mit Sicherheit tot war. Blut lief aus seinem Mund und er bewegte sich gar nicht mehr.

Schnell stieg ich auf mein Fahrrad und nun folgte auch Marie. Zu Hause angekommen schlichen wir uns in den Garten und spritzten unsere Schuhe mit dem Wasserschlauch ab.

„Lass uns in euren Keller schleichen und besprechen, was wir machen!". Es war eine ausgezeichnete Idee von Marie. Den Kellerschlüssel hatte ich dabei und wir konnten die Außentreppe nehmen. Niemand würde uns hören.

Im Keller angekommen zündete ich die Kerze an, die auf dem Tisch stand, und wir setzten uns beide hin. Wir schwiegen lange. „Sie werden unsere Spur finden. Das Blut können sie noch in Jahren an unseren Schuhen nachweisen. Das habe ich gelesen, weißt du, bei dem Amanda Knox Fall? Das war die Studentin, die angeklagt wurde, das Mädchen ermordet zu haben?"

„Wir haben aber niemanden umgebracht."

„Sie auch nicht und trotzdem saß sie am Ende im Gefängnis."

„Was schlägst du vor?"

„Keinen Anwalt. Das war ihr Fehler. Sie hätte sich einen Anwalt nehmen müssen."

„Einen Anwalt?", fragte Marie, „Wo bekommen wir den denn jetzt her?"

„Wir wecken meine Eltern und sie rufen einen Anwalt."

„Oder sie bringen uns um!"

„Nein, meine Mutter ist Psychologin. Sie überlegt sich genau, was sie tut. Sie möchte ja nicht, dass wir wie ihre Patienten enden!"

„Also wir gehen jetzt hoch, wecken deine Eltern, und sagen was?"

„Die Wahrheit. Wir waren verabredet, haben eine Radtour gemacht, und einen Toten gefunden."

„Es sind deine Eltern. Ich finde es nicht naheliegend. Und wenn wir die Polizei rufen?"

„Das hat Amanda Knox gemacht, das war falsch. Wir brauchen einen Anwalt!"

Noch nie habe ich Marie so verlegen und meine Mutter so still erlebt, wie in dem Moment, als wir beide im Schlafzimmer standen, um meine Eltern zu wecken. In Anbetracht der Situation, fragte mein Vater nicht weiter, wie wir den Mord entdeckt hatten, sondern rief die Polizei. Um meinen Ängsten vor jahrelanger Haft entgegenzuwirken, telefonierte meine Mutter mit einem befreundeten Anwalt.

Die Nacht wurde lang, aber niemand wollte uns in ein Gefängnis stecken, und schon bald fand die Spurensicherung einen Abschiedsbrief des Toten. Er war nicht nur unglücklich verliebt, sondern auch noch hoch verschuldet und seit dem letzten Tag arbeitslos. Er hatte wohl ein großes Unglück erlebt und sich entschieden, seinem Leben ein Ende zu setzen. Kein Mord - sondern ein tragischer Selbstmord.

Für Marie und mich war es der letzte nächtliche Ausflug. Wir trafen uns nun täglich.

10. Märchen

Die bekanntesten Märchenerzähler in Deutschland waren die Gebrüder Grimm.

Geboren wurden sie 1785 und 86 in Hanau. Sie hörten auf die Namen Jacob und Wilhelm.

Sie wurden beide Juristen, Sprachwissenschaftler und Bibliothekare. Beide Brüder schrieben auch.

Besondere Bedeutung kam ihren Märchen zu. Sie sammelten Märchen sowie Sagen und analysierten sie sprachwissenschaftlich.

Gemeinsam mit Lachmann und Benecke zählen die Gebrüder Grimm zu den Begründern der deutschen Grammatik.

Die Märchen wurden zu ihrem Schwerpunkt und so wurde diese Erzählform in Deutschland bekannt. Obwohl es schon immer üblich war, sich in Gesellschaft Märchen zu erzählen, so machten sich die Gebrüder Grimm die Mühe, diese niederzuschreiben. Jeder der Brüder schrieb aber seine eigenen Geschichten, Märchen und Veröffentlichungen. Als „Gebrüder Grimm" wurden sie erst nach ihrem Tode bekannt.

Unter einem Märchen versteht man einen Prosatext, der von wundersamen Geschehnissen berichtet. Märchen treten in allen Kulturkreisen auf und wurden früher mündlich überliefert.

Im Unterschied zur Sage oder Legende, die jeweils eine wahre Begebenheit als Ursprung haben, sind Märchen frei erfunden.

Charakteristisch für Märchen ist zum Beispiel, dass Tiere sprechen können. Es gibt außerdem Fantasiegestalten wie Hexen, Zauberer, Trolle, Feen, Riesen oder Zwerge.

Auch Fabeltiere können vorkommen, wie zum Beispiel Einhörner oder Drachen.

Typische Kennzeichen für ein Märchen sind:

❖ **Unbestimmtheit des Ortes und der Zeit:**

   In einem großen Wald...

   In der Nähe des Palastes des Königs...

   Vor einem Königspalast stand ein prächtiger Baum...

   Irgendwo in den Bergen ...

   Vor langer Zeit lebte ein König an einem verwunschenen Ort...

   In einem verwunschenen Wald...

   Es war einmal...

   Wenn sie nicht gestorben sind, so leben sie noch heute.

❖ **Es kommt zu fantastischen Ereignissen:**

Aus Stein wurde pures Gold.

Wann immer sie den Topf mit Wasser füllte, wurde daraus ein schmackhaftes Gericht.

Der Berg öffnete sich, und sie konnte den Schatz schon von weitem sehen ...

Auf einer Lichtung steht ein Lebkuchenhaus …

Wann immer sie die Betten schüttelte, schneite es.

❖ **Oftmals gibt es bei Märchen eine Wiederholungsstruktur: der Held muss mehrere (oft drei) Aufgaben oder Rätsel lösen. Dabei kommen ihm manchmal magische Elemente zu Hilfe.**

Im Mittelpunkt des Märchens steht der Held - oder natürlich die Heldin. Meistens sind diese auf die eine oder andere Weise benachteiligt.

- Hänsel und Gretel zum Beispiel waren so arm, dass ihre Eltern sie aus dem Haus lockten.

- Aschenputtel wurde von der bösen Stiefmutter benachteiligt.

- Schneewittchen hatte Probleme mit der bösen Königin.

- Die bösen Menschen sind oft durch Neid oder Missgunst gekennzeichnet. Die guten Menschen hingegen sind entweder arm, oder aber sie müssen unter einer bösen Person leiden.

Der Gegensatz zwischen Gut und Böse ist in einem Märchen stark ausgearbeitet. Das Gute wird belohnt und das Böse bestraft.

Märchen sind wirklichkeitsfremd. Die Personen in den Märchen werden nicht tiefgreifend geschrieben. Oft weiß man zwar, dass sie arm sind oder besondere Kräfte haben, man erfährt jedoch wenig über ihr Aussehen - es sei denn, dass sie Riesen oder Zwerge sind. Aber auch diese werden nicht detailliert beschrieben. Charaktereigenschaften werden nur selten genannt.

Der Held ist meist ein Einzelgänger.

Die Sympathieträger sind die Armen, Dummen, Hungrigen, Schwachen oder Jüngsten.

10.1 Beispiele für Märchen

10.1.1 Märchen 1: Stichwörter: junger Mann, Wunsch, böse Frau

Es war einmal ein junges Mädchen, das hieß Marie. Marie lebte mit ihrem Vater zusammen in einem winzig kleinen Haus im Wald. Ihre Mutter war vor langer Zeit gestorben.
Der Vater und seine Tochter hatten ein sehr schönes Leben. Abends kochte das Mädchen und freute sich, wenn der Vater zurück von seiner Arbeit kam. Sie hatten kaum Geld, aber waren auch nicht wirklich arm, denn sie hatten einander und viel Freude.
Tagsüber ging Marie oft in den Wald, um Beeren oder Pilze zu sammeln. Sie kannte sich gut im Wald aus, denn sie hatte ihren Vater als kleines Kind immer begleitet.

Eines Tages hatte sie eine Stelle entdeckt, an der es besonders schöne Beeren gab. Rasch füllte sie ihr Körbchen, und sang dabei ein Lied. Sie erschrak sehr, als sie plötzlich eine Hand auf ihrer Schulter spürte. Sie sprang auf und wollte schon wegrennen, als der junge Mann sagte: „Erschrecke nicht! Ich habe mich nur verlaufen und wollte nach dem Weg fragen!"
„Wohin möchtest du gehen?", flüsterte das Mädchen mit zitternder Stimme.
„Ich werde auf dem Gut erwartet."
„Du musst einfach an der Lichtung entlang gehen und dann rechts, ein Stück gerade aus, am fünften Baum links. Am Bach vorbei und wo der Bach sich mit dem Weg kreuzt nach rechts."
„Das hört sich nicht ganz einfach an. Ich suche schon eine Weile."
„Ich kann dich begleiten, wenn du willst. Für einen Fremden ist es vielleicht nicht so leicht sich zurechtzufinden. Ich werde dir den Weg zeigen. Was möchtest du auf dem Gut tun?"
„Ich soll die Tochter der Gutsbesitzerin heiraten."
„Oh!" Das Mädchen wirkte sehr erschrocken. „Das ist aber schön!", stammelte sie. „Eine Hochzeit im Gutshaus."
Sie zeigte dem jungen Mann den Weg und verabschiedete sich.
„Danke für deine Hilfe. Wünsch dir was von mir."
„Ich habe alles. Aber dir wünsche ich viel Glück."

Am Sonntag darauf hörte sie die Hochzeitsglocken.
„Der arme Tropf, der diese Frau heiraten muss!", sagte der Vater. „Sie ist nicht nur hässlich wie die Nacht, sondern auch böse wie eine Krähe, die der anderen ein Auge aushackt."

Das Mädchen sah traurig aus. „Was hast du?", fragte der Vater.

„Ich habe dem jungen Mann den Weg gezeigt. Den Weg zu einer bösen Frau."

„Das ist nicht deine Schuld mein Kind. Er wird wissen, was er tut."

Ein paar Wochen später pflückte sie wieder Beeren im Wald, als sie die Stimme des jungen Mannes vernahm.

Marie drehte sich um und fragte den jungen Mann: „Hast du dich wieder verlaufen?"

„Nein. Ich wollte ein paar Pilze für heute Abend suchen und dachte, du weißt sicher, wo ich sie finde?"

„Suchst du gerne Pilze?", fragte das Mädchen.

„Ja, es ist mir eine Freude, und später mache ich eine Pilzpfanne."

„Da wird sich deine Frau aber freuen!"

„Ich weiß nicht, ob sie sich freuen kann, aber ich werde es versuchen."

Sie unterhielten sich ein wenig, während sie ihn zu den besten Pilzstellen des Waldes führte. Nachdem sie beide ihre Körbe gefüllt hatten, verabschiedeten sie sich voneinander.

„Lass mich dir einen Wunsch erfüllen", sagte der junge Mann.

„Ich wünsche mir, dass du glücklich wirst. Ich habe alles, danke dir."

Er sah sie kurz an, dann drehte er sich um und ging davon. Sie blickte ihm nachdenklich nach, denn in seinen Augen hatte sie lesen können, dass ihm das Wesentlichste fehlte: Zufriedenheit.

Es wurde Sommer, es wurde Winter, und wieder Sommer. Aus dem Mädchen war schon lange eine junge Frau geworden.

Eines Tages traf sie wieder den jungen Mann. Da er kaum sprach und sehr traurig aussah, begann sie, ihm ihr Leben zu erzählen, denn etwas anderes fiel ihr nicht ein. Sie füllten ihre Körbe und als sie sich verabschiedeten, sagte die junge Frau: „Da wird sich deine Frau aber freuen! So viele schöne Pilze hast du gefunden."

„Meine Frau freut sich über nichts, aber ich danke dir für den schönen Nachmittag. Wünsch dir was!"

„Ich habe alles, aber ich wünsche dir, dass du eines Tages eine Frau haben wirst, die sich über das, was du ihr mitbringst, freut."

Schweigend drehte sich der junge Mann um.

Am Abend kam der Vater sehr spät nach Hause und sie genossen gemeinsam die köstliche Pilzpfanne. „Warum bist du so spät?", fragte das Mädchen.

„Ich musste im Gut helfen. Es gab viel zu tun."

„Was ist denn passiert?"

„Die junge Gutsherrin geht auf Reisen."

„Ach siehst du, ich habe ihrem Mann gewünscht, dass er glücklich wird, und schon darf er auf eine Reise gehen."

„Nein, mein Kind, er nicht. Er wird mit der Gutsherrin gar keine Reise mehr tun."

„Oh Gott, aber ich habe ihm doch gewünscht, dass er glücklich wird, und nichts Böses!"

„Er hat großes Glück, mein Kind, die Gutsherrin hat für ihre Tochter einen besseren Mann gefunden. Die beiden Frauen sind auf Reisen und bis sie wiederkommen, muss er verschwunden sein."

„Der arme Tropf!"

„Nein, mein Kind, ich glaube, ihm konnte nichts Besseres passieren."

Tage später ging sie wieder in den Wald, um Beeren für einen Kuchen zu sammeln. Wieder konnte sie die Hand auf ihrer Schulter spüren, aber sie drehte sich nicht um. Sie hatte Angst, ihm ins Gesicht zu sehen, denn sie empfand es als ihre Schuld, dass seine Frau ihn verlassen hatte. Sie spürte, wie er sie umarmte und hörte ihn flüstern: „Ich danke dir! Dein Wunsch hat mich befreit!"

Bald darauf läuteten die Hochzeitsglocken erneut. Dieses Mal waren alle glücklich und zufrieden. Der stolze Vater führte eine wunderschöne Braut zum Altar.

Die beiden lebten glücklich bis an ihr Lebensende.

weitere typische Märchenstichwörter:
Prinz, Schnürsenkel, Ball
Markt, Prinzessin, Glück
böse Stiefmutter, Ball, Unglück
Wald, Reiter, Glück

10.1.2 Märchen 2: Stichwörter: Mädchen, Kälte, Glück

Es war einmal ein kleines Mädchen. Es lebte mit seinen Eltern in einem wunderschönen Haus und wurde von ihnen wie eine Prinzessin behandelt. Das Mädchen war das einzige Kind der Eltern und sie liebten es über alles.

Dem Mädchen mangelte es an nichts. Es hatte allen Grund, das glücklichste Kind der Welt zu sein. Es war ihm aber immer kalt. Wo immer es war, fror es. Die Mutter ließ ihm besondere Unterwäsche aus warmem Kaschmir anfertigen.

Die Pullover des Mädchens wurden besonders dick gestrickt, und seine Stiefel waren mit Lammfell gefüttert. Trotzdem fühlte das Mädchen immerzu eine Kälte.

Obwohl es sich langsam daran gewöhnte, war seine Mutter dauernd damit beschäftigt, wärmere Kleidung für das Kind zu bekommen. Es war fast zu einer Lebensaufgabe der Mutter geworden. Die Bediensteten waren angehalten, immer besonders gut zu heizen. All das half aber nichts. Das kleine Mädchen ging weder zur Schule noch verließ es oft das Haus. Seine Lehrer kamen zu ihm ins Haus, wo der Unterricht direkt vor dem flackernden Kaminfeuer stattfand.

Eines Tages aber musste die Mutter das Kind mit zum Arzt nehmen.

Dieser konnte die Mutter beruhigen und bestätigte, dass dem Kind nichts fehlte.

Die Mutter wollte kurz mit dem Arzt unter vier Augen sprechen. Der Arzt schlug dem Mädchen vor auf den Markt zu gehen.

Etwas abseits vom Treiben entdeckte es ein kleines Kind. Den langen Zöpfen nach zu urteilen war es wohl auch ein Mädchen, seine Kleidung sah allerdings nicht sehr mädchenhaft aus. Das Mädchen, das immer fror, ging näher an das Kind heran, bis dieses fragte:

„Hast du etwas zu essen für mich?"

„Natürlich trage ich kein Essen mit mir herum!", antwortete das Mädchen forsch. „Warum sollte ich? Sag deiner Mutter, wenn du Hunger hast!"

„Meine Eltern sind tot", flüsterte das Mädchen.

„Dann frag deine Bediensteten! Lass dir etwas kochen! Aber frag doch nicht wildfremde Menschen! Was hast du nur für ein Benehmen!"

„Ich habe niemanden, den ich fragen kann." Das Kind sah der kleinen Prinzessin tief in die Augen. Dieser wurde noch kälter als sonst und sie machte sich schnell auf den Weg. Sie wanderte von Stand zu Stand und sah sich die vielen Waren an. Es gab überall leckeres Brot, geräuchertes Fleisch, frischen Käse, viel Obst und Gemüse.

Während sie all die Köstlichkeiten betrachtete, wurde es ihr immer kälter und kälter. So rannte sie schnell zurück, vorbei an dem Kind, und obwohl sie rannte, wurde es ihr noch kälter. Zitternd vor Kälte kam sie beim Arzt an. Besorgt sah die Mutter ihre Tochter an und versuchte, deren Hände warm zu reiben.

Der Arzt hingegen war ganz ruhig und fragte, was sie erlebt hätte? Normalerweise fragte man sie nie, was geschehen sei, denn es gab ja auch nicht viel, was in ihrem Haus passierte. Etwas erstaunt erzählte das Kind. Dabei wurde es ihm plötzlich wärmer. Der Arzt fragte: "Warum hast du dem armen Mädchen nichts gegeben? Ich habe es auch schon einmal gesehen."

„Soll es doch in ein Waisenhaus gehen! Dafür sind diese doch da!", fuhr die Mutter den Arzt an. Der Arzt hingegen antwortete: „Vielleicht wäre es eine schöne Erfahrung, dem Kind etwas zu schenken. Ich bin mir sicher, ihrer Tochter würde es ganz warm ums Herz."

Die Mutter war zwar sehr irritiert von den Worten des Arztes, aber sie sagte leise: „Wenn dies ihre Empfehlung ist, dann tun wir das."

Das Mädchen führte seine Mutter auf den Markt und zeigte ihr die verschiedenen Stände. Gemeinsam überlegten sie, was sie wohl für das Kind kaufen konnten? Das Mädchen wurde sehr aufgeregt und es machte ihr großen Spaß, Brot und Käse für das Waisenkind auszuwählen. Es lief von Stand zu Stand um zu sehen, ob es alles für das Geschenk beisammen hatte. Plötzlich lachte es und sagte zu seiner Mutter: „Ach Mutter, sind wir dumm! Wir haben ganz vergessen, etwas zum Trinken zu kaufen! Jeder hat einen großen Durst nach dem Essen!"

Die Mutter erstarrte.

„Was hast du?", fragte sie die Tochter erschrocken.

„Nun weiß ich, was mir all die Jahre gefehlt hat!"

„Was?"

„Dein Lachen."

Erstaunt sah das Mädchen zu seiner Mutter auf, der Tränen über das Gesicht liefen.

„Nicht weinen! Der Tag ist viel zu schön! Lass uns zu dem Waisenkind gehen."

Das Mädchen nahm seine Mutter an die Hand und die Mutter spürte zum ersten Mal, dass diese nicht eiskalt war. Gemeinsam gingen sie zu dem Mädchen und gaben ihm ihre Einkäufe. Das Kind war sehr erstaunt.

„Wir haben dir etwas zu essen gekauft. Wie heißt du eigentlich?"

„Anna."

„Mami", fragte das Mädchen, „meinst du nicht, Anna sollte mit zu uns kommen und sich erst einmal baden, bevor sie essen kann? Niemand möchte so schmutzig essen, oder?"

„Es tut mir leid, dass ich so schmutzig bin", wisperte das Kind.

„Es ist nicht dein Fehler, dass deine Eltern gestorben sind. Du musst dich nicht entschuldigen", sagte die Mutter. „Komm mit zu uns und nimm ein Bad!"

„Das kann ich leider nicht. Aber vielen Dank für Ihr Angebot."

„Warum?", fragte das Mädchen Anna entgeistert. „Du hast mich doch vorhin um Hilfe gebeten?"

„Ja", antwortete Anna fast lautlos.

„Warum also?"

„Ich kann nicht weg von hier. Mein Bruder liegt gleich hinter dem Baum. Er ist noch ein Baby. Ich kann ihn nicht alleine lassen."

„Ich wünsche mir schon lange wieder ein Baby auf den Arm nehmen zu können", entgegnete die Mutter. „Natürlich nehmen wir deinen Bruder mit. Auch er wird sich über ein Bad freuen - und über eine warme Milch!"

Alle machten sich auf den Weg zum Auto und der erstaunte Chauffeur brachte die vier nach Hause. Anna machte große Augen, als sie das Haus sah. Nervös ging sie neben dem Mädchen her, das sie an die Hand genommen hatte. Die warme Hand beruhigte sie. Nachdem sie gebadet und gegessen hatten, und die Mutter schnell ein paar Babysachen von ihrer Tochter herausgesucht hatte, die auch ein Junge tragen konnte, hatte sie ein frisch gebadetes, gewickeltes und warm angezogenes Baby im Arm. Das Mädchen hatte seine Mutter schon lange nicht mehr so zufrieden gesehen. Schnell nahm es Anna an der Hand und spielte mit ihr. Sie lachten den ganzen Nachmittag. Immer wieder sah die Mutter erstaunt in das Zimmer hinein. Es war der schönste Tag im Leben ihrer Tochter - und der erste, an dem sie nicht fror!

Langsam wurde es dunkel und Anna wurde unruhig.

„Was hast du?", fragte die Mutter.

„Ich muss für mich und Maximilian einen Platz zum Schlafen finden."

„Warum könnt ihr denn nicht ins Waisenhaus?"

„Wir können nicht zusammen ins Waisenhaus. Ich bin schon zu alt und mein Bruder ist zu klein. Ich habe meiner Mutter am Sterbebett versprochen auf meinen Bruder aufzupassen. Ich kann ihn nicht verlassen, er ist das Einzige, was ich habe."

„Aber ihr könnt beide für immer bei uns bleiben! Noch nie habe ich meine Tochter so glücklich gesehen. Ihr beide seid unser großes Glück", strahlte die Mutter.

Endlich gab es wieder Lachen im Haus. Die Eltern waren nicht mehr unglücklich, dass sie nur ein Kind bekommen konnten, und schaukelten den Babyjungen zufrieden in ihren Armen. Ihr kleines Mädchen fror nicht mehr und war nie mehr alleine. Und die beiden Waisenkinder lebten glücklich in ihrer neuen Familie. Das Lachen verließ nie wieder das Haus!

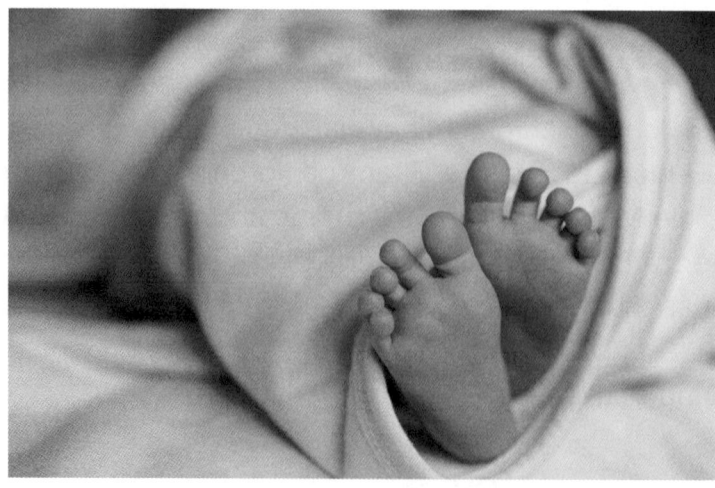

11. Sachtext, Beschreibung

Ein Sachtext, wie z. B. eine Bedienungsanleitung, muss, wie der Name schon sagt, sachlich geschrieben sein. Beschreibende Adjektive solltest du hier <u>nicht</u> verwenden. Formulierungen im Passiv müssen vermieden werden.

Man kann diese Textart auch Informationstext nennen, da man Informationen an den Leser weitergibt.

Du musst versuchen, deine Beschreibung so einfach wie möglich zu gestalten, so dass jemand, der das Spiel, das Gerät oder das Kochrezept nicht kennt, ganz leicht verstehen kann, was er tun muss. Wichtig ist daher, dass du selbst das Spiel, das Kochrezept oder das Gerät kennst und verstanden hast. Du solltest dir überlegen, welche Themen in Frage kommen könnten und dich mit diesen vertraut machen.

Es macht Sinn, wenn du dir die typischen Haushaltsgeräte (z. B. Spülmaschine, Waschmaschine, Trockner, Mixer) erklären lässt und selbst versuchst, diese Geräte in Gang zu setzen. Das Gleiche gilt für die bekanntesten Spiele. Nur so kannst du deinem Leser erklären, wie etwas funktioniert.

Als Vorbereitung solltest du auch Gebrauchsanweisungen zu Hause lesen.

Wichtig ist, dass du dir, bevor du schreibst, erst einmal selbst in Stichpunkten klar machst, wie du das Gerät bedienen musst oder das Spiel spielst. Notiere dir, was man benötigt, und wie die einzelnen Bedienungsschritte sind.

Wenn du zu Schreiben beginnst, dann stell dir vor, dass dein Leser es so einfach wie möglich haben möchte, oder vielleicht müde ist und es trotzdem verstehen sollte.

11.1 Die Bedienungsanleitung für Geräte

Folgende Punkte sollten in deiner Bedienungsanleitung beschrieben werden:

➢ **Wichtige Hinweise:**

Meistens werden vorweg Hinweise gegeben, die du unbedingt wissen solltest, bevor du das Gerät bedienst. Oft sind diese durch ein Ausrufungszeichen oder das Wort „Vorsicht" gekennzeichnet.

➢ **Abbildung und Gerät-Beschreibung:**

Oft ist ein Bild von dem Gerät abgebildet. Auf dem Bild sind die verschiedenen Teile des Gerätes beschrieben. Zum Beispiel: Waschmaschinentür, Waschmittelfach, Temperaturregler, Programmwahl.

> ## Bedienung des Gerätes:

Hier erklärst du, wie man das Gerät bedient. Du gibst also den eigentlichen Vorgang wieder. Zum Beispiel:

Man öffne die Türe der Waschmaschine.

Danach legt man die nach Farbe und Material vorsortierte Wäsche in die Trommel der Waschmaschine und schließt die Tür.

In das Waschpulverfach gibt man die vorgeschriebene Menge an Waschpulver. Dann schaltet man die Maschine ein und wählt das gewünschte Programm. Am Temperaturregler kann man die Waschtemperatur einstellen. Danach drückt man auf den Startknopf.

> ## Pflege und Wartung des Gerätes:

Unter diesem Punkt beschreibst du, wie man das Gerät ordnungsgemäß instand hält. Bei einer Waschmaschine kannst du zum Beispiel schreiben, dass man die Wäschetrommel regelmäßig von Flusen und Dreck säubern muss, ebenso das Waschmittelfach, da sich hier Waschmittelklumpen oder Reste des Flüssigwaschmittels festsetzen können.

> ## Kleine Störungen selbst beheben:

Hier erklärst du, wie man kleinere Störungen selbst beheben kann.

Bei einer Waschmaschine hilft z. B. oft ein Leerwaschgang bei 90 Grad.

Bei einem Computer kann es der Neustart sein, oder das An- und Ausschalten eines Gerätes.

Oft geben Lehrer Hinweise, welches Gerät oder Spiel beschrieben werden soll. Daher überprüfe folgende Checkliste, bevor du in die Prüfung gehst.

- Ich weiß, wie das Haushaltsgerät oder Spiel aussieht.
- Ich kenne den Spielablauf / den technischen Vorgang.
- Mir ist klar, was ich tun muss, um das Gerät zu bedienen. Auch weiß ich, was ich nicht tun darf.
- Ich habe verstanden, wie man das Gerät reinigt und pflegt.

11.2 Die Spielanleitung

Für die Spielanleitung gilt das zur Bedienungsanleitung Gesagte. Auch hier musst du Schritt für Schritt erklären, wie das Spiel funktioniert und wie die Spielfiguren und / oder Würfel eingesetzt werden.

Bei der Spielanleitung musst du darauf achten, dass du beide Aspekte eines Spieles erklärst. Einmal wie man das Spiel spielt und auch die Regeln dazu.

Es reicht also z. B. bei „Mensch ärgere dich nicht" nicht, wenn du schreibst, dass man zu Beginn würfelt, und wer eine sechs würfelt, darf seine erste Spielfigur an die Start-position vor seinem Haus setzen, sondern du musst auch die Regel erklären, dass man dreimal würfeln darf, wenn man keine Figur im Spielfeld hat.

Bevor du mit dem Schreiben deiner Spielanleitung beginnst, solltest du dir folgende Notizen machen:

Die Vorbereitung des Spieles:

- Spielplan
- Anzahl der Mitspieler
- Spielzeit
- Aufstellung
- Spielregeln
- Bezeichnung der Spielfiguren oder des Spielfeldes
- Wie wird das Spiel begonnen? Wer darf als erstes würfeln? Möglichkeiten:

  Der Jüngste fängt an. Wer zuletzt eine Pizza gegessen hat, fängt an. Der Älteste fängt an.
- Beschreibung des Ortes:

  In einer Spielanleitung muss auch genau beschrieben werden, wo zum Beispiel Karten abgelegt werden, an welche Stelle man sich stellen muss, wenn man 'herausgeschmissen' wird, und vieles andere.

Der Verlauf des Spieles:

- Beginn und Ende des Spieles

- Ziel des Spieles

- Aufgabe der Mitspieler

- Ablauf des Spieles

- Besonderheiten

- Bei manchen Spielen ist es notwendig, eindeutig zu klären, wann eine Figur oder eine Karte „im Spiel" ist. Gemeint ist der Zeitpunkt, von wann bis wann der Effekt der Figur/Karte gilt.

- Es sollte dabei auch darauf geachtet werden, dass zwischen „temporär" (nur für diesen Spielzug oder diese Runde) und „permanent" (für den Rest des Spiels oder bis zu einer Entfernung des Spielers) unterschieden wird.

Spielende und Sieger:

- Wann ist man Sieger?

- Wann ist das Spiel beendet? Mit dem Sieg des ersten Spielers oder spielen die anderen Spieler weiter?

- Spielstrategien

Sobald du mit dem Schreiben der Spielanleitung beginnst, solltest du immer daran denken, dass die Anleitung eine ‚Schritt für Schritt' Anleitung ist. Erkläre jeden einzelnen Punkt einfach und verständlich.

Erläutere, wie das Spiel begonnen wird, und wer anfängt. Es ist immer gut, die ersten Spielzüge eines Spieles zu erklären, damit der gesamte Ablauf verständlicher wird. Vergiss nicht zu erläutern, falls es Möglichkeiten eines Spielers gibt, andere Spieler in eine schlechtere Position zu setzen. Das könnte zum Beispiel das Herauswerfen bei ‚Mensch ärgere dich nicht' sein.

Falls bei dem Spiel ein Würfel benutzt wird, müssen die dazugehörigen Regeln erklärt werden. Bei 'Mensch ärgere dich nicht' darf man zum Beispiel beim Würfeln einer sechs das Spielfeld betreten. Bei manchen Spielen gilt auch, dass man beim Würfeln einer sechs noch einmal würfeln darf.

11.3 Benutzung einer Waschmaschine

1) Vorsortieren der Wäsche

- Sortieren Sie die Wäsche nach Farbe, Textiltyp und Verschmutzungsgrad sowie nach Waschtemperatur.
- Informationen über den Textiltyp und die Höchstwaschtemperatur können Sie auf den Pflegeetiketten der einzelnen Kleidungsstücke in der Wäsche nachlesen.

2) Vorbereitung der Wäsche

- Metallteile wie Gürtelschnallen, Verschlüsse oder andere Metallteile schaden der Waschmaschine. Solche Wäschestücke dürfen nur in einem Wäschesack oder Kopfkissenbezug gewaschen werden.
- Alle Hosentaschen müssen geleert werden. Büroklammern, Münzen und andere Gegenstände können die Maschine beschädigen und zu Betriebsgeräuschen führen. Stifte können die Wäsche verschmutzen. Papiertaschentücher verfusseln die Wäsche.
- Neue Kleidungsstücke können noch färben. Waschen Sie diese das erste Mal mit der Hand oder gesondert.
- Empfindliche Kleidungsstücke werden am besten auf links gewaschen. Bei Jeans wird dies ebenfalls empfohlen.
- Geben Sie nach Farbe, Material und Temperatur sortierte Wäsche in die Maschine. Füllen Sie die Trommel nur zu 2/3, damit sich die Wäsche in der Trommel noch bewegen kann. So wird sie auch sauberer.

3) Temperaturauswahl

- Stellen Sie die Waschmaschine auf die richtige Temperatur ein und entscheiden Sie sich für die Länge des Waschgangs. Je verschmutzter die Wäsche ist, umso länger sollte sie gewaschen werden.
- Öffnen Sie den Wasserzulauf der Waschmaschine, der oft an dem Wasserschlauch zu finden ist, der zur Waschmaschine führt.

4) Waschmittel

Geben Sie Waschmittel hinzu. Wer Waschpulver statt Flüssigwaschmittel benutzt, kann auf die Zugabe von einem Entkalker verzichten.

Sie können Weichspüler verwenden oder einen Schuss Essig oder verdünnte Zitronensäure.

5) Einschalten der Maschine

Sobald die Tür zur Waschmaschinentrommel geschlossen ist, können Sie die Maschine einschalten. Während des Waschvorgangs sollten Sie zu Hause sein, falls am Gerät Undichtigkeiten oder Probleme entstehen.

6) Abschluss des Waschvorgangs

Sobald der Waschvorgang abgeschlossen ist, entnehmen Sie die Wäsche und hängen sie entweder zum Trocknen auf eine Leine oder geben sie in den Wäschetrockner. Auch hier müssen Sie die richtige Temperatur wählen. Stellen Sie die Waschmaschine ab und verschließen Sie gegebenenfalls den Wasserzulauf. Reinigen Sie das Waschmittelfach, damit dieses nicht verschimmeln kann.

Von Zeit zu Zeit muss auch das Flusensieb gereinigt werden.

Alte Waschmaschine

12. Begründete Stellungnahme (Erörterung)

Als Verfasser einer begründeten Stellungnahme nimmst du persönlich zu einem Sachverhalt Stellung. Anhand guter Argumente musst du deine Leser überzeugen. Deine Argumente müssen sachlich und in sich schlüssig sein.

Folgende Regeln solltest du beachten, um eine gute „Begründete Stellungnahme" zu schreiben:

- Die Erzählform einer begründeten Stellungnahme ist das Präsens.
- Du stellst in der Einleitung eine These auf,
- welche du mit guten Argumenten im Hauptteil belegst
- und mit sachlichen Beispielen weiter untermauerst.
- Zum Schluss spannst du einen Bogen zur Einleitung, um deine Ausführungen abzurunden. Vermeide an dieser Stelle neue Argumente aufzulisten.

Damit deine Stellungnahme gelingt, solltest du folgende Arbeitsschritte anwenden:

- Stoffsammlung
- Stoffordnung
- Gliederung
- Ausführung (Einleitung, Hauptteil, Schluss)

Um in einer Erörterung oder begründeten Stellungnahme deine Meinung darzustellen, sind folgende Satzanfänge nützlich:

Beispiele für **gleichwertige Argumente**:

- Ein weiterer Aspekt / Punkt …
- Hinzu kommt ...
- Außerdem ...
- Ferner ist zu erwähnen ...
- Eng damit verknüpft ...
- Ebenfalls ...
- Zuletzt sei angemerkt ...

Beispiele für **verstärkende/steigernde Argumente**:

- Am deutlichsten / klarsten ...
- Wichtiger erscheint...
- Besonders betont werden muss …
- Des Weiteren ist zu betonen ...
- Noch bedeutsamer ist...
- Jedoch am bemerkenswertesten...
- Der wichtigste Aspekt …

Um Argumente sinnvoll miteinander zu verbinden, benötigst du passende Konjunktionen und Adverbien. Eine kleine Liste findest du hier:

also, damit, dazu, dennoch, folglich, indem, insofern, nachdem, trotzdem, während

Stoffsammlung:

Deine Stoffsammlung kannst du tabellarisch aufbauen:

Argumente / Begründung	Beispiele

Aufstellung einer Tabelle mit pro (für) und contra (gegen) Argumenten

pro	contra

Beliebte **Themen** für eine begründete Stellungnahme/Erörterung:

- Trennung von Mädchen und Jungen im Unterricht
- Einführung von Schulkleidung / Schuluniformen
- Für und wider Rauchen in Gaststätten
- Sollten Kinder/Jugendliche einen Fernseher im Zimmer haben

Überprüfung des Aufsatzes:

Du solltest dir stets die Mühe machen deinen Text nochmals sogfältig durchzulesen, um mögliche Fehlerquellen zu vermeiden.

- ➢ Führt die Einleitung inhaltlich den Leser zum Thema hin?

- ➢ Ist deine Argumentation vollständig und mithilfe von Belegen und Beispielen untermauert?

- ➢ Hast du treffende Überleitungen gefunden und einen sachlichen Schreibstil verwendet?

- ➢ Rundet der Schluss deine Argumentation ab? Schön wäre ein Bogen zur Einleitung, auf die Nennung weiterer Argumente muss zwingend verzichtet werden.

- ➢ Überprüfe Zeichensetzung und Rechtschreibung.

13. Die Buchvorstellung

Für eine gute Buchvorstellung ist es wichtig, dass du das Buch, das du vorstellst, auch gelesen hast. Den Film zum Buch anzusehen oder dir die Inhaltsangabe im Internet zu suchen, ist keine gute Idee. Der Film kann anders sein, Teile aus dem Buch können fehlen, und du musst immer damit rechnen, dass man dir Fragen zum Buch stellt und Lehrer wissen, welche Teile im Film fehlen. Es können auch Klassenkameraden Fragen stellen, die das Buch gelesen haben. Daher solltest du, als derjenige, der das Buch vorstellt, den Inhalt besonders gut kennen. Du möchtest mit deiner Buchvorstellung den Leser begeistern und ihn neugierig machen. Dein Ziel sollte sein, dass möglichst viele Zuhörer das Buch nach deiner Vorstellung lesen möchten.

Folgende Punkte solltest du in einer guten Buchvorstellung abhandeln:

➢ Falls du dir das Buch, das du vorstellst, selbst aussuchen kannst, solltest du ein Buch wählen, das dir gefallen hat. Das Buch sollte dir Spaß gemacht haben.

➢ Auch wenn du selbst ein sehr begeisterter Leser schwieriger Literatur bist, solltest du bedenken, dass das Buch für die Klasse verständlich sein sollte. Es macht keinen Sinn, wenn du der Einzige bist, der das Buch versteht.

➢ Wer ist der Autor des Buches?

➢ Art des Buches (Roman, Krimi, Gedichte)?

➢ Wann wurde es herausgegeben und in welchem Verlag?

➢ Preis des Buches?

➢ Warum wurde das Buch geschrieben – ist es z. B. zeitkritisch?

➢ Inhaltsangabe, die das Ende aber offenlässt, und Schlüsselereignisse nicht beschreibt. Der Zuhörer soll das Buch noch lesen wollen. Wichtig ist, dass die Inhaltsangabe chronologisch ist.

➢ Beschreibe die Sprache des Autors, seine Stilmittel und den Spannungsbogen.

➢ Markiere dir interessante Stellen des Buches und lies in deiner Buchvorstellung Ausschnitte aus dem Buch vor. Diese Ausschnitte sollten besonders sein - entweder spannend, witzig oder aber die Art des Buches verkörpern.

➢ Zeige auf, was dir an dem Buch gut gefallen hat und was nicht. (Ist es spannend? War das Ende zu erwarten? Gefällt dir die Sprache? Werden zu viele Nebensächlichkeiten beschrieben? Ist das Buch kurzweilig oder langweilig?)

➢ Am Ende solltest du das Buch bewerten. Würdest du es anderen zum Lesen empfehlen oder nicht? Und aus welchen Gründen?

Kurze Checkliste für deine Buchvorstellung: mach dir Notizen!

Wie fange ich an?
Warum habe ich das Buch ausgesucht?
Titel und Autor des Buches.
Was ist das Wichtigste an meinem Buch?
Welchen Ausschnitt lese ich vor? Übe das Vorlesen!
Wie wecke ich das Interesse der Zuhörer?

Du kannst dir überlegen, ob du mit einem kurzen Ausschnitt oder einem Zitat aus dem Buch beginnst, z. B. einem Satz, der dir besonders gut gefallen hat, oder ein paar Zeilen, die du extrem spannend gefunden hast.

Auch kannst du zu Beginn erklären, warum du dir das Buch ausgesucht hast. Am besten erklärst du gleich zu Beginn, warum du dir das Buch ausgesucht hast. Wenn du das nicht tust, dann solltest du deine Beweggründe nach dem Ausschnitt, den du vorgelesen hast, beziehungsweise nach dem Zitat erklären.

Du kannst dir überlegen, ob du zu dem Autor etwas sagen möchtest, abgesehen von seinem Namen und wann und wo er geboren wurde. Wenn es sich um einen bekannten Autor handelt, oder wenn dieser eine interessante Lebensgeschichte hat, macht es Sinn, dies kurz zu erwähnen.

Danach machst du eine Inhaltsangabe des Buches, in der du nicht zu viel verrätst. Nicht nur bei einem Krimi geht jegliche Spannung verloren, wenn du schon am Anfang sagst, wer der Mörder ist, sondern auch bei Romanen kann das Lesevergnügen durch zu viel vorzeitiges Wissen reduziert werden.

Je nachdem ob du nur einen Ausschnitt oder mehrere vorliest, solltest du dein Vorlesen einteilen. Geht es nur um einen einzigen Ausschnitt, dann sollte dieser etwa in der Mitte deines Vortrages vorgelesen werden. Übe das Vorlesen der Passage!

Mach dir eine Liste mit Stichpunkten für deine Buchvorstellung und formuliere den Vortrag aus. Lese ihn dir mehrfach durch und versuche dann, den Vortrag frei nach deiner Stichpunktliste zu gestalten.

Vergiss nicht, deiner Klasse am Ende die Möglichkeit zu geben, dir Fragen zu stellen.

Folgende Bücher könnten für eine Buchvorstellung interessant sein:

- Cornelia Funke: Tintenherz oder Herr der Diebe

- Morton Rhyes: Die Welle

- Michael Ende: Momo oder die unendliche Geschichte

- John Boyne: Der Junge im gestreiften Pyjama

- Otfried Preußler: Krabat

- Henry Winterfeld: Caius, der Lausbub aus dem alten Rom

- Morton Rhue: Bootcamp

- Peggy Parnass & Tita do Rego Silva: Kindheit – Wie unsere Mutter uns vor den Nazis rettete

- Sarah Weeks: So B. it

- Isabel Allende: Im Reich der goldenen Drachen

- Friedrich Dürrenmatt: Die Physiker

13.1 Kurze Zusammenfassung Schriftsteller für die Buchvorstellung am Beispiel von Otfried Preußler (zu „Krabat")

„Kinder sind das beste und klügste Publikum, das man sich als Geschichtenerzähler nur wünschen kann", sagte Preußler in einem Interview. *„Und sie sind strenge, unbestechliche Kritiker."*

Otfried Preußler, der den „Räuber Hotzenplotz" schrieb, als er mit seinem Buch „Krabat" nicht wirklich weiterkam, wurde am 20. Oktober 1923 im nordböhmischen Reichenberg geboren. Er starb im Februar 2013 mit 89 Jahren in Prien. Seine Geschichten wurden über Jahrzehnte in deutschen Kinderzimmern vorgelesen. Der Autor hatte jedoch auch großen internationalen Erfolg und später wurden seine Bücher verfilmt. Seine Eltern waren beide Lehrer und seine Großmutter Dora war eine große Geschichtenerzählerin, in deren Fußstapfen er treten wollte.

Wie viele seiner Generation wurde er von der Schulbank in den Krieg eingezogen und geriet in Kriegsgefangenschaft, wodurch er fünf Jahre in verschiedenen russischen Lagern verbrachte. 1949 kam er nach Rosenheim, wo er noch im selben Jahr heiratete. Er bekam drei Töchter und veröffentlichte sein erstes Buch, „Der kleine Wassermann", das aus dem Alltagsleben mit seinen Töchtern entstand.

Aus lauter Enttäuschung darüber, dass „Krabat" nicht so recht gelingen wollte, begann Preußler zur Abwechslung etwas Lustiges zu schreiben und entschied sich daher für eine Kasperlegeschichte, dem „Räuber Hotzenplotz", dessen Namen er einer schlesischen Stadt entliehen hatte. Diese Geschichte ging ihm leicht von der Hand und wurde zu einem seiner erfolgreichsten Bücher. Preußler ist auch dafür bekannt, dass er gern Wortspiele in seine Kindergeschichten einband.

Mit "Krabat" wagte sich Preußler an ein sehr schwieriges Buch für Jugendliche und Erwachsene, das ihm zu Beginn viel Kopfzerbrechen bereitete.

Im Gegensatz zu seinen anderen Geschichten ist „Krabat" sehr düster. Die Geschichte setzt sich mit der dunklen Seite der Zauberei auseinander, die im völligen Gegensatz zur Zauberkunst aus seinen Kinderbüchern - und insbesondere einem Petrosilius Zwackelmann aus dem "Räuber Hotzenplotz" - steht.
Er greift darin den Stoff des Sagenkreises der Lausitzer Wenden auf. Zwischen den ersten Ideen und der Veröffentlichung im Jahre 1971 lagen 10 Jahre. „Krabat" ist die Geschichte eines jungen Menschen, der sich mit den finsteren Mächten einlässt. Es geht um Verlockung und Macht, mit denen junge Menschen oft in Berührung kommen. „Krabat" wurde in 31 Sprachen übersetzt und erhielt zahlreiche Auszeichnungen.

„Ich versuche [mit Geschichten] nichts weiter, als den Lesern Spaß zu machen, sie in der Kunst des Lachens zu üben, ihrer Phantasie Nahrung zu geben, sie in ihrem natürlichen Lebensmut zu bestärken."
Otfried Preußler

13.2 Die Inhaltsangabe im Allgemeinen

Beim Verfassen einer Inhaltsangabe möchtest du die wesentlichen Punkte der Handlung eines Buches, Dramas, Kinofilms oder Theaterstücks wiedergeben.

Du gehst dabei nicht auf Details ein, sondern gibst vielmehr einen Überblick über die wichtigsten Handlungsabschnitte des Textes oder Films.

Der Leser einer Inhaltsangabe erfährt aber nicht nur den Inhalt in einer kurzen Zusammenfassung, sondern es werden ihm auch die Personen, sowie Ort und Zeit der Handlung bekanntgegeben.

Die Zeitform der Inhaltsangabe ist das Präsens - also die Gegenwart.

Bei der Wiedergabe von Dialogen wird anstatt der wörtlichen Rede die indirekte Rede verwendet.

Halte dich beim Verfassen einer Inhaltsangabe an die folgenden Punkte:

- Aufbau: Einleitung, Hauptteil, Schluss.

- Verwende eine sachliche Sprache und schreibe kurz und nicht ausführlich.

- Gib die einzelnen Handlungsschritte in der richtigen Reihenfolge wieder.

- Auch für die Inhaltsangabe gilt derselbe Aufbau wie für jeden anderen Aufsatz: Einleitung, Hauptteil, Schluss.

- Du schreibst in der Gegenwart und verwendest keine Zitate.

- Du konzentrierst dich auf das Wesentliche.

Du musst alle Personen erwähnen, die wesentlich für den Inhalt sind. Ebenso musst du alle wichtigen Handlungsschritte wiedergeben. Die Handlungsschritte und Personen, die für die Geschichte nicht relevant sind, brauchst du nicht zu erwähnen.

Du darfst die Inhaltsangabe nicht mit einer Nacherzählung verwechseln. In eine Inhaltsangabe gehören keine unnötigen Details oder Ausschmückungen. Die Verwendung von Adjektiven oder Spannungselementen solltest du vermeiden.

Wichtig ist auch, dass du in der **Einleitung** die wesentlichen Fakten zum Text oder Buch nennst: Autor, Titel, Textsorte, Handlungsort, Handlungszeit sowie das Thema des Textes.
Du solltest auch in einem Satz wiedergeben, wovon der Text handelt. Diesen Satz nennt man auch Basis- oder Kernsatz.

Im **Hauptteil** der Inhaltsangabe gehst du dann auf den Inhalt ein und fasst den Text Stück für Stück in den einzelnen Handlungsabschnitten knapp und chronologisch zusammen.

Im **Schlussteil** kannst du dann darauf eingehen, was der Autor mit dem Text bewirken möchte, oder auch sprachliche Eigenschaften des Textes erwähnen.

Bei deiner Inhaltsangabe musst du immer darauf achten, dass deine Sprache sachlich und knapp ist. Übernimm nicht den Stil des Originaltextes. Die Inhaltsangabe muss in deinen Worten geschrieben sein; nicht in den Worten des Autors.
Im Schlussteil kannst du auf den Stil des Autors hinweisen oder auf von ihm oft verwendete Stilmittel, wie zum Beispiel Metapher oder Ironie.

Achte auch darauf, dass die Inhaltsangabe wesentlich kürzer sein muss, als der Originaltext.

Auf diese Punkte solltest du auf jeden Fall in deiner Inhaltsangabe **verzichten**:

- Zitate und Dialoge in wörtlicher Rede.

- Sprachliche Ausschmückungen und die Verwendung von Stilmitteln.

- Deine persönliche Meinung zum Text ist nicht relevant.

- Ebenso sollst du den Text weder interpretieren, noch analysieren.

- **Nur im Schlussteil** kannst du ganz kurz auf Stilmittel oder Interpretationen eingehen. Im Hauptteil ist das auf gar keinen Fall erlaubt.

So bereitest du deinen Text für die Inhaltsangabe vor:

- Markiere die wichtigsten Geschehnisse sowie Namen und Orte im Text.

- Teile den Text in die wichtigsten Sinnesabschnitte und gib diesen Überschriften, die den Inhalt kurz zusammenfassen.

- Notiere dir den Handlungsablauf in Stichpunkten.
  Erst dann solltest du mit der Ausformulierung der Inhaltsangabe beginnen.

- Achte darauf, dass auch in der Inhaltsangabe die wichtigsten
  W - Fragen beantwortet werden.
  Wann? Wo? Wer? Was? Warum?

13.3 Die Inhaltsangabe am Textbeispiel

Den Text kennst du schon aus diesem Buch. Hier zeigen wir am Beispiel, wie du eine Zusammenfassung vorbereitest und erarbeitest.

Vorbereitung:

- Unterstreiche dir die wichtigsten Fakten und fasse Abschnitte in einem Gedanken zusammen.
- Mache dir eine Liste aller wichtigen Fakten.

Text:

Es war einmal ein <u>kleines Mädchen</u>. Es lebte <u>mit</u> seinen <u>Eltern</u> in einem wunderschönen Haus und wurde von ihnen wie eine Prinzessin behandelt. Das Mädchen war das <u>einzige Kind</u> der Eltern und sie liebten es über alles.
Dem Mädchen <u>mangelte es an nichts</u>. Es hatte allen Grund, das glücklichste Kind der Welt zu sein. Es war ihm aber <u>immer kalt</u>. Wo immer es war, fror es. Die Mutter ließ ihm besondere Unterwäsche aus warmem Kaschmir anfertigen.
Die Pullover des Mädchens wurden besonders dick gestrickt, und seine Stiefel waren mit Lammfell gefüttert. Trotzdem fühlte das Mädchen immerzu eine Kälte.
Obwohl das Kind sich langsam daran gewöhnte, war seine Mutter dauernd damit beschäftigt, <u>wärmere Kleidung</u> für es zu bekommen. Es war fast zu einer <u>Lebensaufgabe der Mutter</u> geworden. Die Bediensteten waren angehalten, immer besonders gut zu heizen. All das half aber nichts. Das kleine Mädchen ging weder <u>zur Schule, noch verließ es oft das Haus</u>. Seine Lehrer kamen zu ihm ins Haus, wo der Unterricht direkt vor dem flackernden Kaminfeuer stattfand.

Einleitung: Beschreibung der Situation: Einzelkind, dem es immer kalt ist, und die Mutter versucht alles, damit ihm warm wird.

Eines Tages aber musste die Mutter das Haus verlassen und das Kind <u>zum Arzt</u> bringen.

Hauptteil: Arztbesuch, Marktbesuch, armes Mädchen

Dieser konnte die Mutter beruhigen und bestätigte, <u>dass dem Kind nichts fehlte</u>.

Die Mutter wollte kurz mit dem Arzt unter vier Augen sprechen. <u>Der Arzt schlug dem Mädchen vor auf den Markt zu gehen.</u>

Reiches Mädchen trifft auf armes, hungriges Kind

Etwas abseits vom Treiben entdeckte es ein kleines Kind. Den langen Zöpfen nach zu urteilen war es wohl auch ein <u>Mädchen</u>, seine Kleidung sah allerdings nicht sehr mädchenhaft aus. Das Mädchen, das immer fror, ging näher an das Kind heran, bis dieses fragte:

<u>„Hast du etwas zu essen für mich?"</u>

„Natürlich trage ich kein Essen mit mir herum!", antwortete das Mädchen forsch. „Warum sollte ich? <u>Sag deiner Mutter, wenn du Hunger hast!"</u>

„<u>Meine Eltern sind tot</u>", flüsterte das Mädchen.

„Dann frag deine <u>Bediensteten</u>! Lass dir etwas kochen! Aber frag doch nicht wildfremde Menschen! Was hast du nur für ein Benehmen!"

„Ich habe niemanden, den ich fragen kann." Das Kind sah der kleinen Prinzessin tief in die Augen. Dieser wurde <u>noch kälter</u> als sonst und sie machte sich schnell auf den Weg.

Reiches Mädchen schaut sich den Markt an, der viele Köstlichkeiten bietet, aber es fühlt sich immer schlechter. Es rennt schnell zurück zum Arzt.

Sie wanderte von Stand zu Stand und sah sich die vielen Waren an. Es gab überall leckeres Brot, geräuchertes Fleisch, frischen Käse, viel Obst und Gemüse. Während sie all die Köstlichkeiten betrachtete, wurde es ihr immer kälter und kälter. So rannte sie schnell zum Arzt zurück, vorbei an dem Kind, und obwohl sie rannte, wurde es ihr noch <u>kälter</u>. Zitternd vor Kälte kam sie beim Arzt an. Besorgt sah die Mutter ihre Tochter an und versuchte, deren Hände warm zu reiben.

<u>Der Arzt hingegen war ganz ruhig und fragte, was sie erlebt hätte?</u> Normalerweise fragte man sie nie, was geschehen sei, denn es gab ja auch nicht viel, was in ihrem Haus passierte. Etwas <u>erstaunt</u> erzählte das Kind. Dabei wurde es ihm plötzlich wärmer. <u>Der Arzt fragte: "Warum hast du dem armen Mädchen nichts gegeben? Ich habe es auch schon einmal gesehen."</u>

„Soll es doch in ein Waisenhaus gehen! Dafür sind diese doch da!", fuhr die Mutter den Arzt an. Der Arzt hingegen antwortete: „<u>Vielleicht wäre es eine schöne Erfahrung, dem Kind etwas zu schenken. Ich bin mir sicher, ihrer Tochter würde es ganz warm ums Herz."</u>

Die Mutter war zwar sehr irritiert von den Worten des Arztes, aber sie sagte leise: „Wenn dies Ihre Empfehlung ist, dann tun wir das."

Arzt schlägt vor dem Kind zu helfen. Mutter und Tochter sind irritiert. Die Tochter zeigt der Mutter den Markt und fühlt sich immer besser. Gemeinsam suchen sie Lebensmittel aus.

Das Mädchen führte seine Mutter auf den Markt und zeigte ihr die verschiedenen Stände. Gemeinsam überlegten sie, was sie wohl für das Kind kaufen konnten? Das Mädchen wurde sehr aufgeregt und es machte ihr großen Spaß, Brot und Käse für das Waisenkind auszuwählen. Es lief von Stand zu Stand, um zu sehen, ob es alles für das Geschenk beisammenhatte. Plötzlich lachte es und sagte zu seiner Mutter: „Ach Mutter, sind wir dumm! Wir haben ganz vergessen, etwas zum Trinken zu kaufen! Jeder hat einen großen Durst nach dem Essen!"
Die Mutter erstarrte.
„Was hast du?", fragte die Tochter sie erschrocken.
„Nun weiß ich, was mir all die Jahre gefehlt hat!"
„Was?"
„Dein Lachen."
Erstaunt sah das Mädchen zu seiner Mutter auf, der Tränen über das Gesicht liefen.
„Nicht weinen! Der Tag ist viel zu schön! Lass uns zu dem Waisenkind gehen."
Das Mädchen nahm seine Mutter an die Hand und die Mutter spürte zum ersten Mal, dass diese nicht eiskalt war. Gemeinsam gingen sie zu dem Mädchen und gaben ihm ihre Einkäufe. Das Kind war sehr erstaunt.

Übergabe der Lebensmittel; Einladung nach Hause.

„Wir haben dir etwas zu essen gekauft. Wie heißt du eigentlich?"
„Anna."
„Mami", fragte das Mädchen, „meinst du nicht, Anna sollte mit zu uns kommen und sich erst einmal baden, bevor sie essen kann? Niemand möchte so schmutzig essen, oder?"
„Es tut mir leid, dass ich so schmutzig bin", wisperte das Kind.
„Es ist nicht dein Fehler, dass deine Eltern gestorben sind. Du musst dich nicht entschuldigen", sagte die Mutter. „Komm mit zu uns und nimm ein Bad!"
„Das kann ich leider nicht. Aber vielen Dank für Ihr Angebot."
„Warum?", fragte das Mädchen Anna entgeistert. „Du hast mich doch vorhin um Hilfe gebeten?"
„Ja", antwortete Anna fast lautlos.
„Warum also?"
„Ich kann nicht weg von hier. Mein Bruder liegt gleich hinter dem Baum. Er ist noch ein Baby. Ich kann ihn nicht alleine lassen."

Anna kann nicht mit, weil sie einen Babybruder hat.

„Ich wünsche mir schon lange wieder ein Baby auf den Arm nehmen zu können", entgegnete die Mutter. „Natürlich nehmen wir deinen Bruder mit. Auch er wird sich über ein Bad freuen - und über eine warme Milch!"

Mutter möchte auch das Baby mit einladen. Alle fahren zusammen nach Hause.

Alle machten sich auf den Weg zum Auto und der erstaunte Chauffeur brachte die vier nach Hause. Anna machte große Augen, als sie das Haus sah. Nervös ging sie neben dem Mädchen her, das sie an die Hand genommen hatte. Die warme Hand beruhigte sie.

Kinder baden und spielen

Nachdem sie gebadet und gegessen hatten, und die Mutter schnell ein paar Babysachen von ihrer Tochter herausgesucht hatte, die auch ein Junge tragen konnte, hatte sie ein frisch gebadetes, gewickeltes und warm angezogenes Baby im Arm. Das Mädchen hatte seine Mutter schon lange nicht mehr so zufrieden gesehen. Schnell nahm es Anna an der Hand und spielte mit ihr. Sie lachten den ganzen Nachmittag. Immer wieder sah die Mutter erstaunt in das Zimmer hinein. Es war der schönste Tag im Leben ihrer Tochter - und der erste, an dem sie nicht fror!
Langsam wurde es dunkel und Anna wurde unruhig.
„Was hast du?", fragte die Mutter.
„Ich muss für mich und Maximilian einen Platz zum Schlafen finden."
„Warum könnt ihr denn nicht ins Waisenhaus?"
„Wir können nicht zusammen ins Waisenhaus. Ich bin schon zu alt und mein Bruder ist zu klein. Ich habe meiner Mutter am Sterbebett versprochen auf meinen Bruder aufzupassen. Ich kann ihn nicht verlassen, er ist das Einzige, was ich habe."
„Aber ihr könnt beide für immer bei uns bleiben! Noch nie habe ich meine Tochter so glücklich gesehen. Ihr beide seid unser großes Glück", strahlte die Mutter.

Am Schluss nimmt die Mutter beide Kinder auf.

Endlich gab es wieder Lachen im Haus. Die Eltern waren nicht mehr unglücklich, dass sie nur ein Kind bekommen konnten, und schaukelten den Babyjungen zufrieden in ihren Armen. Ihr kleines Mädchen fror nicht mehr und war nie mehr alleine. Und die beiden Waisenkinder lebten glücklich in ihrer neuen Familie. Das Lachen verließ nie wieder das Haus!

Stichpunktliste

- *Kleines, reiches Mädchen lebt als Einzelkind mit seinen Eltern zusammen.*
- *Mutter versucht alles, damit es dem Kind warm wird: warme Kleidung, Kaminfeuer, Unterricht zu Hause.*
- *Arztbesuch.*
- *Kind gesund.*
- *Mädchen soll auf den Markt gehen.*
- *Armes Mädchen fragt nach Essen, reiches Mädchen ist entsetzt.*
- *Armes Mädchen schaut reichem Mädchen in die Augen und es wird ihr noch kälter.*
- *Reiches Mädchen schaut sich den Markt an, der viele Köstlichkeiten bietet. Es fühlt sich immer schlechter.*
- *Es wird ihm immer kälter, auch als es rennt.*
- *Arzt fragt nach Erlebnissen und empfiehlt zu helfen.*
- *Mutter und Tochter gehen auf den Markt und kaufen ein; haben Spaß. Mädchen lacht. Hände warm.*
- *Mutter fehlte Lachen.*
- *Sie geben dem Mädchen Anna die Einkäufe und fragen, ob es mit zu ihnen möchte. Das lehnt Anna ab, da sie auf ihren Bruder aufpassen muss.*
- *Mutter möchte auch, dass das Baby mitkommt.*
- *Alle baden und essen.*
- *Die Mutter entscheidet sich, die Kinder aufzunehmen.*
- *Alle sind glücklich.*

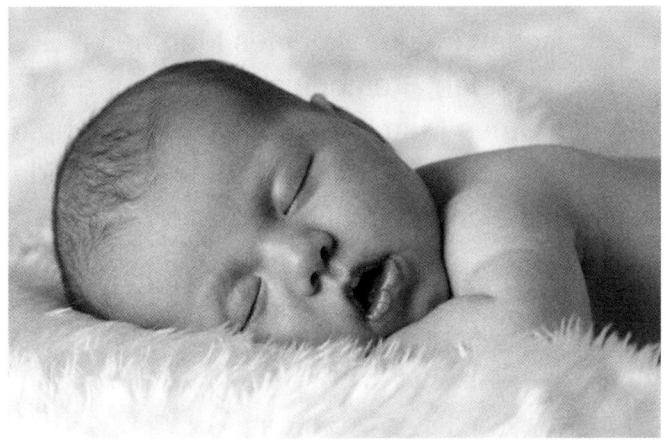

Textzusammenfassung:

Das Märchen handelt von einem Einzelkind, das mit seinen Eltern sehr behütet und wohlhabend aufwächst, aber immer friert. Die besorgte Mutter tut alles, damit es dem Kind nicht mehr kalt ist; sie kauft zum Beispiel warme Wäsche und lässt den Hausunterricht vor dem warmen Kamin stattfinden. Doch nichts hilft; dem Mädchen ist trotzdem immer kalt.

Daher befragt sie einen Arzt. Der Arzt bescheinigt dem Kind Gesundheit und schickt es auf den Markt, um mit der Mutter alleine sprechen zu können.
Das Mädchen läuft auf den Markt, und ist vom dortigen Treiben überwältigt. Sie wird von einem armen Mädchen um Essen angebettelt. Das reiche Mädchen reagiert sehr schroff und verweist das Kind auf seine Eltern oder Bediensteten. Beides hat das Kind jedoch nicht. Es schaut dem reichen Mädchen tief in die Augen, woraufhin diesem noch kälter wird, und es schnell zurück zum Arzt rennt. Dieser befragt das Kind nach seinen Erlebnissen. Der Arzt empfiehlt zu helfen.
Mutter und Tochter nehmen den Rat an, obwohl sie ihn nicht für richtig halten, und gehen auf den Markt, um für das arme Kind einzukaufen. Sie haben großen Spaß und lachen. Der Mutter fällt auf, dass ihr das Lachen ihres Kindes all die Jahre gefehlt hat. Sie beginnt zu weinen und nimmt ihre Tochter an die Hand, die warm ist. Beide übergeben dem armen Mädchen ihre Einkäufe und fragen das Kind nach seinem Namen. Das Mädchen lädt Anna ein mit zu ihr nach Hause zu kommen, um ein Bad zu nehmen. Anna lehnt jedoch ab, da sie einen kleinen Bruder hat, der noch ein Baby ist.
Die Mutter möchte schon lange wieder ein Baby im Arm halten und sie fahren alle zusammen nach Hause. Die Mutter sucht Anziehsachen heraus und kleidet das Baby frisch ein. Zufrieden hat sie das Baby im Arm und schaut den glücklichen Kindern beim Spielen zu.
Als es dunkel wird, wird Anna nervös und sagt, sie müsse einen Platz zum Schlafen finden. Es stellt sich heraus, dass nicht beide Kinder zusammen in ein Waisenhaus gehen können. Die Mutter bietet den Kindern an, für immer zu bleiben. Alle sind sehr glücklich, dem Mädchen ist nicht mehr kalt, und es gibt wieder ein Lachen im Haus.

Der Text beinhaltet die typischen Merkmale eines Märchens. Er ereignet sich in einer unbestimmten Zeit und dem armen Protagonisten geht es am Ende wieder gut. Hier handelt es sich um ein modernes Märchen, wobei beide Hauptdarsteller auf ihre Art unter Armut leiden: die eine unter finanzieller Armut und die andere unter emotionaler Armut. Am Ende sind alle Handlungspersonen glücklich.

14. Die Schilderung (7. Klasse - Beispiel)

Merke: Die Schilderung ist eine Art der Beschreibung, wobei persönliche Empfindungen, also Gefühle und Gedanken, mit der Beschreibung eines Vorgangs oder auch einer Situation verbunden werden. Es muss auf Sinneseindrücke eingegangen werden, die mit sprachlichen Bildern untermalt werden, welche die Anschaulichkeit der Schilderung steigern. Wichtig ist, handlungsarm und anschaulich zu schildern. Der Aufsatz ist demnach subjektiv und wird im Präsens sowie in der Ich-Form geschrieben.

Eine Schilderung zu einem Bild unter der Vorgabe des Erzählrahmens. Die Arbeitszeit beträgt 50 Minuten.

Verfasse zu dem gegebenen Bild eine Schilderung zu den im Unterricht erarbeiteten Regeln. Berücksichtige dabei das Präsens und schreibe in der Ich-Form. Deine Schilderung soll möglichst handlungsarm sein, da dein Schwerpunkt auf den äußeren und inneren Wahrnehmungen des Ich-Erzählers liegt. Mache dir zunächst Gedanken über eine sinnvolle Struktur und fertige einen Schreibplan an. Achte bei deinen Ausführungen darauf, dass diese ordentlich sind, und teile deine Zeit so ein, dass du deinen Text am Ende noch einmal überarbeiten kannst.

Du fährst am frühen Nachmittag mit deinem Fahrrad durch den Englischen Garten und hältst am Fuße des Monopterus, den du hier im Bild siehst, an. Schau dir das Bild ganz genau an. Versetze dich in die Situation, schildere die Gefühle, Wahrnehmungen und Gedanken des Ich-Erzählers.

Ein paar Ideen zur Gestaltung:
- Kühler Herbsttag mit Sonnenschein
- Gedanken zu den Jahreszeiten
- Eindrücke zum Monopterus

Schreibplan: Verschiedene Möglichkeiten

Metapher: Unsichtbare Pfeile schießen Blätter vom Baum; Melodienrausch der Herbstsinfonie. Im September ist alles aus Gold: die Sonne, die Felder und der Mais. Der Nebel bildet eine Mauer des Schweigens. Land der Wonne. Aus alten Zeiten winkt es… Im goldenen Abendlicht. Die Farbenpracht erleuchtet meine Seele.

Vergleich: Menschen wie Schatten. Rauhe Winde scharf wie Säbel. Der Wind bläst wie Tanzmusik. Die Blätter singen wie ein Chor.

Personifikationen: Die Sonne lacht. Der Herbst steht auf der Leiter und malt die Blätter an. Der Herbst legt seinen Schatten auf die Sonnenuhren. Die Blumen schmachten. Nebel schweigt. Die Blätter tanzen.

Hören: Melodienrausch, leises Orchester
Sehen: rote Krone, goldenes Licht, Schatten, welke Pflanzen
Fühlen: Windstille, Kälte, Sonnenwärme,
Riechen: Modergeruch, Frische, Kühle.

Schilderung:

Ein untrügliches Zeichen für den Herbstbeginn sind die deutlich kühleren Strahlen der Nachmittagssonne, die mir ins Gesicht scheinen, während ich mit meinem Rad durch den Englischen Garten fahre. Die Nachmittage werden bereits kälter, aber die niedrigen Temperaturen werden durch das Feuerwerk der Farben der Blätter an den Bäumen wiedergutgemacht. Die frische Luft rötet meine Wangen.

Viele Menschen empfinden den Herbst als traurig, da die Pflanzen sterben und alles dem Winter entgegengeht, ich aber liebe die vielen Facetten der Farben. Es scheint als erleuchte die bunte Farbenpracht meine Seele.
Das Rascheln der Blätter unter den Füßen oder wenn man, wie ich, auf dem Fahrrad über sie hinwegfährt, erinnert an die kommende dunkle Zeit.
Die Luft ist heute still. Kein Wind, der einem scharf wie ein Säbel durchs Gesicht fährt. Nein, alles schweigt. Nur die Blätter fallen immer wieder leise von den Bäumen; es scheint mir wie Musik, wie die Klänge eines fernen Orchesters. Die Felder sind bereits abgemäht und hin und wieder sieht man verwelkte Blumen. Beherrscht wird alles aber von der Farbenpracht.

Mein Weg führt mich zum Monopterus, einem kleinen alten Bauwerk mitten im Englischen Garten. Es liegt auf einem Hügel und wurde von Leo von Klenze vor bald 200 Jahren entworfen. Viele Feste werden auf der Wiese davor gefeiert, manch Liebespaar sitzt auf der Aussichtsplattform. Seit der Renovierung erstrahlt der Monopterus in ähnlich schönen und kräftigen Farben wie das Herbstlaub rund herum. Er ist in goldenes Licht getaucht.

Der schweigsame Nebel legt sich wie eine Decke über die hügelige Landschaft hinter dem Monopterus. Er entzieht den Blättern die Farbe und lässt die einstige Pracht erblassen.

Der Monopterus selbst, auf der Spitze des Hügels, ist in goldenes Licht getaucht. Das Bild lässt mich unweigerlich an den Winter denken. Ich stelle mein Fahrrad ab, laufe hoch, und genieße die Aussicht über die Schönfeldwiese. Langsam gehe ich in das kleine Gebäude mit den vielen Säulen. Die Decke ist hoch und wundervoll bemalt. Es erinnert mich an einen griechischen Tempel. Ich schaue mir die goldene Inschrift an, die von den letzten Sonnenstrahlen erleuchtet wird. Dann lasse ich meinen Blick in Richtung Stadt schweifen. Die Nebeldecke überzieht nun die Schönfeldwiese. Wie die Säulen unseres Lebens stehen im Hintergrund die Frauentürme, das Wahrzeichen unserer Stadt, während der Englische Garten ihre Lunge ist.

Der schöne Sommer ist vorbei, auch wenn sich heute der Himmel noch einmal mit ein paar weißen Schäfchenwolken von seiner heiteren Seite zeigt. Bald wird er wohl abgelöst von den vielen Nuancen des Grau. In absehbarer Zeit kommen Regen, Schnee und Eis. Dann sehen wir kaum mehr Menschen draußen. Sieben lange Monate werden ins Land ziehen, bis die ersten Besucher wieder in den Cafés am Englischen Garten sitzen und der Eismann durch den Garten radelt. Die Traurigkeit des Winters wird uns lange nicht aus ihren Klauen entlassen. Doch der Glaube an einen Frühling und dass auch die tote Zeit ein Ende hat, geben mir Hoffnung. Alles ist. Alles ist im Werden. Alles wird neu erscheinen und vielleicht noch schöner sein, als es war. Das gibt mir Kraft, die Tage der Düsternis zu überwinden und an einen Neuanfang zu glauben.

Für heute bin ich glücklich, die Kuppel dieses schönen kleinen Bauwerkes auf dem Hügel in strahlendem Gold zu erleben, auftauchend aus dichten Nebelschwaden. Auch wenn diese mich an die kommende Jahreszeit erinnern, so kann ich dennoch den Glanz des Herbstes in dem schmucken Gebäude wiederfinden. Auch die kommende Jahreszeit wird ihre Höhepunkte haben, vielleicht auch ein paar Schattenseiten mehr. Wenn aber der Englische Garten nicht mehr in einem lauten Blätterkleid leuchtet, sondern sich leise in eine Schneedecke hüllt, dann fühle auch ich mich als Teil des Ganzen und erfreue mich an der Stille.

15. Quellenverzeichnis

Gertraud Gaßner, Elisabeth Öchsner-Horsch, **bsv Sprachbuch 5**, Herausgeber Dr. Heiner Ruf 1998, Bayerischer Schulbuch Verlag GmbH, München

Gerhard Widmann, **Zeichensetzung**, Hauschka Verlag 2007

Verstehen und Gestalten F5, Autoren: Bartle, W. Bick, K. Comfere, C. Debold , Oldenbourg Verlag

Deutschbuch – Sprach- und Lesebuch 7 herausgegeben von W. Matthiessen, Bernd Schurf, Wiland Zirbs, Cornelsen Verlag 2007

www.derguteAufsatz.de

http://www.thienemann-esslinger.de/thienemann/autoren-illustratoren/autordetail-seite/otfried-preussler-48/

https://de.wikipedia.org/wiki/Krabat_%28Roman%29

https://de.wikipedia.org/wiki/Der_R%C3%A4uber_Hotzenplotz

https://www.inhaltsangabe.de/preussler/krabat/

Otfried Preußler, Krabat, Thienemann Verlag, 1. April 2008

Vater und Sohn - Sämtliche Abenteuer von E. O. Plauen – 2. Februar 2015

Der kleine Herr Jakob: Bildergeschichten von Hans Jürgen Press und Max Bertholl

DUDEN - Die deutsche Rechtschreibung, 23. Auflage, Dudenverlag
Psychologie heute: http://www.psychologie-heute.de/
PSYCHOLOGIE HEUTE Februar 2013

„ABC und andere Irrtümer über Orthographie, Rechtschreiben, LRS/Legasthenie
(2., überarbeitete Auflage, ISB 2013)
Ratgeber Rechtschreibprobleme: LRS Legasthenie (zusammen mit Dorothea Thomé, ISB 2010).

Diktate üben? Davon rate ich ganz ab!" Sprachwissenschaftler Günther Thomé

Schulhefte und Aufsätze von Paul und Nina Mandl

Pferde und Logos von Michael Reichel